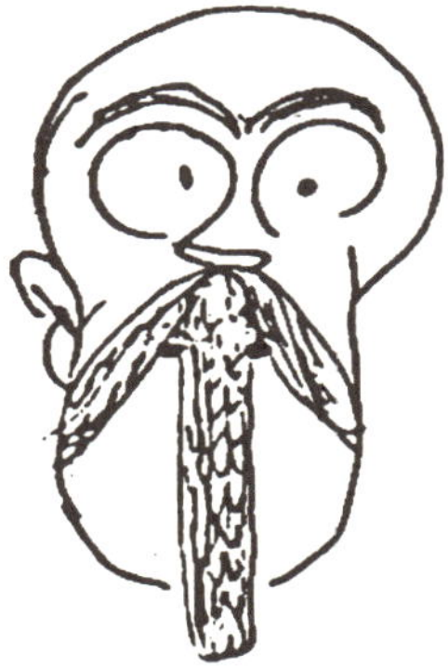

# BOITEMPO

*Carlos Drummond de Andrade*

# BOITEMPO

## MENINO ANTIGO

8ª EDIÇÃO

EDITORA RECORD
RIO DE JANEIRO • SÃO PAULO
2006

CIP-Brasil. Catalogação-na-fonte
Sindicato Nacional dos Editores de Livros, RJ

A566b Andrade, Carlos Drummond de, 1902-1987
8.ed. Boitempo : Menino antigo / Carlos Drummond de Andrade ; prefácio, André Seffrin. – 8.ed. – Rio de Janeiro: Record, 2006.

Inclui bibliografia e cronologia.
ISBN 85-01-06327-4

1. Poesia brasileira. I. Título.

CDD 869.91
05-3088 CDU 821.134.3(81)-1


www.carlosdrummond.com.br

Guarda: desenho do autor

Concepção de capa: Pedro Augusto Graña Drummond
Projeto gráfico: Regina Ferraz



Direitos exclusivos desta edição adquiridos pela
EDITORA RECORD LTDA.
Rua Argentina 171 – 20921-380 – Rio de Janeiro, RJ – Tel. 2585-2000

---

Impresso no Brasil

ISBN 85-01-06327-4

PEDIDOS PELO REEMBOLSO POSTAL
Caixa Postal 23.052
Rio de Janeiro, RJ – 20922-970

SUMÁRIO

MORAR NESTA CASA

## ESQUECER PARA LEMBRAR

Sobre as planuras e os cimos de *Boitempo* cabem Minas Gerais e o mundo, o mato-dentro com suas cutias, papaméis e curiós, a roça e a cidade, seres excêntricos, heróis municipais e escravos fugidos, salas de visita, garrafas de cristal, compoteiras varadas de sol, vinho à mesa (liturgia), estojos de costura, quarto de roupa suja, enlameadas botas de fazendeiro, córregos, pastos, vacas, bois, inscrições rupestres, o azul do céu, crônicas de viajantes, medo e encantamento de menino, sentimento de pecado, alianças, deveres, punições e sacrifícios, sinos, fantasmas e ninfas, histórias e História, alma de Minas, o tempo, a noite, a vida que não chega a ser breve. O arquétipo e o mito.

Outra vez imerso no mistério daquela estrada de Minas pedregosa, o poeta aqui se coloca diante de um "resumo de existido", tendo chegado

> àquele ponto
> onde é tudo moído
> no almofariz do ouro:
> uma Europa, um museu,
> o projetado amar
> o concluso silêncio.

Ainda e sempre, frente à máquina do mundo, e como o pintor Emílio Rouède num dos tantos poemas evocativos deste livro, Drummond prefere caminhar rumo a nada. Uma forma de ainda dizer não à verdade inerte, sem raiz e sem música. Desafiado novamente pelo claro enigma do perfil da pedra sem eco e dos sobrados sem linguagem, intima a si mesmo, e com volúpia volta a ser menino, pronto a encarar a inexistência abismal, definitiva/infinita. Faz/refaz o caminho da fazenda, da casa patriarcal, do ambiente familiar, do colégio e da mocidade. Vai ao encontro do clã, para além da vida e da morte.

O primeiro *Boitempo* foi publicado em 1968 num volume que incluía *A falta que ama*. Em 1973 Drummond publicou aquele que seria o segundo, *Menino antigo*, e em 1979 o terceiro, *Esquecer para lembrar*. Nos anos 80, quando migrou da editora José Olympio para a Record, decidiu englobar essas três etapas, reestruturadas, num único livro intitulado apenas *Boitempo*, volumes I e II. Nessa configuração, *Boitempo* não só passou a ser o seu livro mais extenso como também o ponto de referência biográfico (essa faca de dois gumes) a alimentar freqüentemente nossas confabulações em torno da obra e do homem, pois, como se sabe, seus relatos autobiográficos são miúdos e escassos, seja em *Confissões de Minas*, *O observador no escritório*, *Tempo vida poesia*, *Auto-retrato e outras crônicas* ou em textos esparsos.

Percebe-se que em *Boitempo* muito poderia vir sob a rubrica "quase histórias", título de um dos cadernos de *Confissões de Minas*. Quase histórias nas quais, como ensina Antonio Candido, o poeta procura mais fotografar os outros e a sociedade que a sua própria personalidade, "encarando o eu como peça do mundo". Seja como for, aqui o mito da infância é a matéria, por assim dizer, predominante. Somos chamados ao convívio da infância perdida/reencontrada e nesses recessos da memória cabem todas as suas vozes, dialogando em torno desse grande mistério que é a vida do homem sobre a terra, sua ânsia de liberdade, sua vontade de amar que paralisa o trabalho, como na "Confidência do itabirano", de *Sentimento do mundo* — por tantos motivos um poema que ecoa curiosamente em alguns movimentos de *Boitempo*.

Como a de todo grande criador, a obra de Drummond vive do que esconde e daquilo que subitamente revela — embora nunca se revele por completo. Em certa medida, a revelação está condicionada a nossa entrega à audição de sua música. Em *Boitempo*, essa música é particularíssima.

A 9 de janeiro de 1953, dia da morte de Américo Facó, Drummond registrou em *O observador no escritório*: "Minha convivência com Facó vinha dos últimos anos do meu trabalho no gabinete de Capanema. (...) Na casa da Rua Rumânia, durante três noites, confiei-lhe os originais de meu livro *Claro enigma* e ouvi suas opiniões de exímio versificador. Eu 'convalescia' de amarga experiência política, e desejava que meus versos se mantivessem o mais possível distantes de qualquer ressentimento ou temor de desagradar os passionais da 'poesia social'." Essa convalescença, emblematicamente sinalizada pela epígrafe de *Claro enigma* (Valéry: "os acontecimentos me enjoam"), ao que parece iria se prorrogar subliminarmente nos anos seguintes. Mais ainda, atravessaria a série *Boitempo*, de 1968 a 1979, misto de testamento literário e caixa de ressonâncias de toda a sua obra, para encontrar-se afinal em *A paixão medida*, 1980, ponto final e síntese de seu obsessivo trato com a palavra. Contudo, na lição de Joaquim-Francisco Coelho, os acontecimentos são "nutrientes cíclicos" do discurso drummondiano, discurso esse que pode nos levar de vez em quando a "uma desnorteante contradição", só vencida "quando nos damos conta de que *Claro enigma*, a partir do título, se compraz precisamente nos jogos barroquizantes e antitéticos do paradoxo, como a afirmar, numa espécie de raciocínio pessoano, que o único sentido claro dos enigmas do mundo é eles não terem sentido claro nenhum..."

Por outro lado, se é certo que em Drummond os refluxos memorialísticos (que foram permanentes e sucessivos) só conquistariam sua forma definitiva nas circunvoluções proustianas de *Boitempo* (para dizer melhor, na palavra-tudo boitempo), é possível igualmente afirmar que nesse livro confluíram, serenadas, águas de suas várias vertentes.

Se não todas, ao menos das principais, que, *grosso modo*, podemos relacionar mais ou menos assim: a social, adensada principalmente em *A rosa do povo*; a metafísica, que teria seu provável ponto nevrálgico em *Claro enigma*; e aquela que se pode chamar de metafísico-experimental, cujo fulcro talvez esteja em *Lição de coisas*. Todo o resto sidera em torno disso. Vale lembrar que, para José Guilherme Merquior, *Boitempo* não é apenas "um diálogo mantido com a memória do vivido" mas "uma evocação permanente da obra anterior do poeta". Dessa "evocação", nada gratuita, sobram exemplos, e alguns deles merecem ser lembrados. Num dos primeiros poemas de *Alguma poesia*, "Infância", Drummond antecipa estes compassos (embora, como é sabido, o tom seja outro) quando fala de sua aventura insular pelo mundo da leitura, de um menino cuja história é mais bonita que a de Robinson Crusoé. Em *Boitempo*, não por acaso, ele volta à narrativa de Daniel Defoe num poema estrategicamente intitulado "Fim":

> Por que dar fim a histórias?
> Quando Robinson Crusoé deixou a ilha,
> Que tristeza para o leitor do *Tico-Tico*.

Era sublime viver para sempre com ele e com Sexta-Feira,
na exemplar, na florida solidão,
sem nenhum dos dois saber que eu estava aqui.
Largaram-me entre marinheiros-colonos,
sozinho na ilha povoada,
mais sozinho que Robinson, com lágrimas
desbotando a cor das gravuras do *Tico-Tico*.

Da mesma maneira, aquele "couro de anta, estendido no sofá da sala de visitas", nosso conhecido de "Confidência do itabirano" (*Sentimento do mundo*), ganha desdobramento em "Resumo" (*Boitempo*), já em franca atmosfera do mito da infância perdida. Desde cedo, é a fuga pelo sonho, a vida possível, como acontece em "Banho de bacia", em "Alfredo Duval" ou em "Biblioteca Internacional de Obras Célebres". Ah!, que fascínio ganhar a Biblioteca Internacional de Obras Célebres, tamanho universo com capa de percalina verde que chega em lombo de burro e para o qual o menino se entrega com enlevo:

> ...cavalgo de novo
> meu verde livro, em cavalarias
> me perco, medievo; em contos, poemas
> me vejo viver.

E viver, para o menino filho de fazendeiro, é fugir de uma realidade impregnada no sangue — portanto, definitiva. Porque há sempre uma fazenda na conversa, bois pastando na sala de visitas e, no escritório do Velho,

trona o dicionário livro único
para o trato da vida.
O mais é ciência do sangue
soprada por avós tetravós milavós
e
percepção direta do mundominas.

Logo, cada poema traz em seu bojo um ou mais elementos que fazem vibrar a corda lírica que vai de *Alguma poesia* a *Sentimento do mundo*, de *José* aos andamentos aparentemente fluidos de *Boitempo* etc. Não fosse assim, o poeta poderia ter optado pela crônica propriamente dita, maneira mais pedestre de dar vazão aos ecos da infância. Ao contrário, optou por trabalhar outra faceta de sua complexa arquitetura poética, na qual *Boitempo* é espaço em que os acontecimentos de foro íntimo integram a história municipal, a relação pai-filho abandona o antigo conflito e passa a ser regida pelas inflexíveis tábuas da lei mineira de família e as inadaptações do mundo escolar e da mocidade solta, com suas descobertas e incongruências, é o palco do mundo no qual o poeta pode encarnar aquele ser que não fabrica, como em "Censo industrial": "Que fabricas tu? / Não fabrico. Assisto / às fabricações." Condenado à contemplação, o poeta é, paradoxalmente, também aquele que fabrica o poema.

É assim que, para além do refúgio memorialístico, *Boitempo* é ponto magnético da totalidade da obra de Drummond no seu itinerário dos pequenos dramas de família — "com você, filho, começa / a desabar a família" — até os grandes dramas humanos, passando continuamente pelo mistério que a palavra emoldura, do qual se pode tomar como exemplo o poema "Eco", tipicamente drummondiano no seu enlevo metafísico com os enigmas que propõe:

> É o último selvagem sobre a terra.
> Todos os índios foram exterminados ou fugiram.
> Restou o eco, prisioneiro
> de minha voz.
>
> De tanto se entrevar no mato,
> já nem sei se é mais índio ou vegetal
> ou pedra, na ânsia da passagem
> de um som do mundo em boca de menino,
> som libertador
> som moleque
> som perverso,
> qualquer som de vida despertada.
>
> O eco, no caminho
> entre a cidade e a fazenda,
> é no fundo de mim que me responde.

Uma metafísica que é antes de mais nada música do ser, como aquele "sistema de sons que vai guiando o gosto de dizer e de sentir a existência verbal" de "A palavra e a terra" (*Lição de coisas*), como esta outra música que cava um abismo de rosas a partir do violão de Canhoto no triste carnaval de Belo Horizonte (*Boitempo*). Do celeiro inesgotável da memória o poeta recolhe amorosamente aquilo que se deve esquecer para lembrar:

Arduíno Bolívar, o teu latim
não foi, não foi perdido para mim.
Muito aprendi contigo: a vida é um verso
sem sentido talvez, mas com que música!

Nesse passo, poemas como "Os excêntricos" ou "Saber incompleto", entre tantos outros, são excelentes recortes hiperbólicos dessa mitológica mineração. Tanto no apelo à comicidade quanto no exercício de minimalismo narrativo, que ganha foros de crônica provinciana quase na esteira da possível novela ou romance de costumes que os textos de *Fala, amendoeira* insinuam, conforme a anotação privilegiada de Rubem Braga. Ora, Drummond escreveu a seu modo as suas memórias — memória em versos, está claro —, fazendo o percurso que vai do eu em conflito com o mundo à percepção mais aguda, quase épica, do que denominou mundominas e suas figuras arquetípicas.

Também Thiers Martins Moreira, Gilberto Amado, Augusto Meyer, Murilo Mendes, Pedro Nava, Antonio Carlos Villaça e Alberto da Costa e Silva caminharam, como o autor de *Boitempo*, ao encontro da infância mítica e recolheram, quanto possível, o que nela existe de sonoridade e substância mágica. Se Drummond optou por relatar as suas recordações em versos, no lugar da prosa memorialística propriamente dita, foi talvez porque nunca esteve na sua natureza escrever mais de dez páginas sobre o mesmo assunto, como anotou em *O observador no escritório*.

Sim, em *Boitempo* a mitopoética da infância se reveste de uma vasta radiografia da aristocracia mineira na sua vida social, nos seus usos e costumes, de modo que tudo o mais pode enganosamente sugerir apenas um fundo de palco. Como se estivéssemos diante de uma narrativa que se desenrolasse em pequenos quadros de contornos épico-líricos, nada além disso: "O moinho d'água mói o milho mói a hora mói / o fubá da vida." No entanto, neste mosaico de histórias rurais e municipais, a preocupação básica de Drummond, ainda uma vez, é a da expressão, a da mineração do eu por meio da palavra.

É nesse sentido que todos os seus livros ecoam sobre as planuras e os cimos de *Boitempo*, onde cabem Minas Gerais e o mundo, o arquétipo e o mito, o poeta com todos os seus instrumentos, sua matéria e sua música.

*André Seffrin*

BOITEMPO

## DOCUMENTÁRIO

No Hotel dos Viajantes se hospeda
incógnito.
Lá não é ele, é um mais-tarde
sem direito de usar a semelhança.
Não sai para rever, sai para ver
o tempo futuro
que secou as esponjeiras
e ergueu pirâmides de ferro em pó
onde uma serra, um clã, um menino
literalmente desapareceram
e surgem equipamentos eletrônicos.
Está filmando
seu depois.
O perfil da pedra
sem eco.
Os sobrados sem linguagem.
O pensamento descarnado.
A nova humanidade deslizando
isenta de raízes.
Entre códigos vindouros
a nebulosa de letras
indecifráveis nas escolas:
seu nome familiar
é um chiar de rato
sem paiol
na nitidez do cenário
solunar.

Tudo registra em preto-e-branco
afasta o adjetivo da cor
a cançoneta da memória
o enternecimento disponível na maleta.
A câmara
olha muito olha mais
e capta
a inexistência abismal
definitiva/infinita.

## (IN) MEMÓRIA

De cacos, de buracos
de hiatos e de vácuos
de elipses, psius
faz-se, desfaz-se, faz-se
uma incorpórea face,
resumo de existido.

Apura-se o retrato
na mesma transparência:
eliminando cara
situação e trânsito
subitamente vara
o bloqueio da terra.

E chega àquele ponto
onde é tudo moído
no almofariz do ouro.
uma europa, um museu,
o projetado amar,
o concluso silêncio.

## INTIMAÇÃO

— Você deve calar urgentemente
as lembranças bobocas de menino.
— Impossível. Eu conto o meu presente.
Com volúpia voltei a ser menino.

# PRETÉRITO-MAIS-QUE-PERFEITO

## JUSTIFICAÇÃO

Não é fácil nascer novo.
Estou nascendo em Vila Nova da Rainha,
cresço no rasto dos primeiros exploradores,
com esta capela por cima, esta mina por baixo.
Os liberais me empurram pra frente,
os conservadores me dão um tranco,
se é que todos não me atrapalham.
E as alianças de família,
o monsenhor, a Câmara, os seleiros,
os bezerros mugindo no clariscuro, a bota,
o chão vendido, o laço, a louça azul chinesa,
o leite das crioulas escorrendo no terreiro,
a procissão de fatos repassando, calcando
minha barriga retardatária,
as escrituras da consciência, o pilão
de pilar lembranças. Não é fácil
nascer e agüentar as conseqüências
vindas de muito longe preparadas
em caixote de ferro e letra grande.
Nascer de novo? Tudo foi previsto
e proibido
no Antigo Testamento do Brasil.

## CHAMADO GERAL

Onças, veados, capivaras, pacas, tamanduás, da corografia do Padre Ângelo de 1881, cutias, quatis, raposas, preguiças, papaméis, onde estais, que vos escondeis?

Mutuns, jacus, jacutingas, siriemas, araras, papagaios, periquitos, tuins, que não vejo nem ouço, para onde voastes que vos dispersastes?

Inhapins, gaturamos, papa-arrozes, curiós, pintassilgos da silva amena, onde tanto se oculta vosso canto, e eu aqui sem acalanto?

Vinde feras e vinde pássaros, restaurar em sua terra este habitante sem raízes,

que busca no vazio sem vaso os comprovantes de sua essência rupestre.

## ANTA

*(segundo Varnhagen,*
*von Ihering e Colbaccini)*

Vou te contar uma anta, meu irmão.
Mede dois metros bem medidos
e pesa doze arrobas.
Há um tremor indeciso nas linhas
do pêlo do filhote
que depois vai ficando bruno-pardo
para melhor se dissolver
no luscofúsculo da mata.
Orelhas móveis de cavalo
e força de elefante.
Estraçalha cachorros,
derruba caçador e árvores,
com estrondalhão
e deixa-se prender
no laço à flor do rio.
Senão,
capriche bem no tiro, meu irmão.
Mata-se e esfola-se
distribuindo mocotós como troféus.
A anta esquarteja-se
em seis pedaços, ritualmente:
dois quartos traseiros
(divididos em gordas cinco partes);
cabeça e espinhaço completo;
costelas;

pernas dianteiras;
carnes entre pernas traseiras;
parte anterior do peito.
No vale do rio Doce a anta mergulha
em profundezas de gravura
antiga, desbotada.

## JACUTINGA

*As rochas são as mesmas que em Vila Rica,*
*tendo-se encontrado na jacutinga placas de ouro,*
*de que a maior chegou a pesar meia libra.*
ESCHWEGE, *Pluto Brasiliensis.*

É ferriouro: jacutinga.
a perfeita conjugação.
Raspa-se o ouro: ferro triste
na cansada mineração.
A jacutinga de hematita
empobrecida revoltada
perfura os jazigos do chão
despe o envoltório mineral
                    e voa.

Até os metais criam asa.

## FAZENDEIROS DE CANA

Minha terra tem palmeiras?
Não. Minha terra tem engenhocas de rapadura e cachaça
e açúcar marrom, tiquinho, para o gasto.
Canavial se alastra pela serra do Onça,
vai ao Mutum, ao Sarcundo,
clareia Morro Escuro, Queixadas, Sete Cachoeiras.
Capitão-do-Mato enverdece de cana madura,
tem cheiro de parati no Bananal e no Lava,
no Piçarrão, nas Cobras, no Toco,
no Alegre, na Mumbaça.
Tem rolete de cana chamando para chupar
nas Abóboras, no Quenta-Sol, nas Botas.
Tem cana caiana e cana crioula,
cana-pitu, cana rajada, cana-do-governo
e muitas outras canas e garapas,
e bagaço para os porcos em assembléia grunhidora
diante da moenda
movida gravemente pela junta de bois
de sólida tristeza e resignação.

As fazendas misturam dor e consolo
em caldo verde-garrafa
e sessenta mil-réis de imposto fazendeiro.

## BALANÇA

De chifres de veado é feita esta balança
de pesar carne-de-vento.
É o peso uma pedra, e outra pedra e outro quilo
vão recortando o boi em severa medida.
Ninguém furta no peso. O sol, o sal da carne
brilham qual brilha a pedra neste jogo
em que o senhor da natureza e do mercado
se curva à fome, juiz maior de outra balança
maior, maior de todas destes matos-dentro.

## AGRITORTURA

Amanhã serão graças
de museu.

Hoje são instrumentos de lavoura,
base veludosa do Império:
"anjinho",
gargalheira,
vira-mundo.

Cana, café, boi
emergem ovantes dos suplícios.
O ferro modela espigas
maiores.
Brota das lágrimas e gritos
o abençoado feijão
da mesa baronal comendadora.

## NEGRA

A negra para tudo
a negra para todos
a negra para capinar plantar
regar
colher carregar empilhar no paiol
ensacar
lavar passar remendar costurar cozinhar
rachar lenha
limpar a bunda dos nhozinhos
trepar.

A negra para tudo
nada que não seja tudo tudo tudo
até o minuto de
(único trabalho para seu proveito exclusivo)
morrer.

## HOMEM LIVRE

Atanásio nasceu com seis dedos em cada mão.
Cortaram-lhe os excedentes.
Cortassem mais dois, seria o mesmo
admirável oficial de sapateiro, exímio seleiro.
Lombilho que ele faz, quem mais faria?
Tem prática de animais, grande ferreiro.

Sendo tanta coisa, nasce escravo,
o que não é bom para Atanásio e para ninguém.
Então foge do Rio Doce.
Vai parar, homem livre, no Seminário de Diamantina,
onde é cozinheiro, ótimo sempre, esse Atanásio.

Meu parente Manuel Chassim não se conforma.
Bota anúncio no *Jequitinhonha*, explicadinho:
Duzentos mil-réis a quem prender crioulo Atanásio.
Mas quem vai prender homem de tantas qualidades?

## CUIDADO

A porta cerrada
não abras.
Pode ser que encontres
o que não buscavas
nem esperavas.

Na escuridão
pode ser que esbarres
no casal em pé
tentando se amar
apressadamente.

Pode ser que a vela
que trazes na mão
te revele, trêmula,
tua escrava nova,
teu dono-marido.

Descuidosa, a porta
apenas cerrada
pode te contar
conto que não queres
saber.

## NA BARRA DO CACUNDA

Na Barra do Cacunda
diz-que sucedem coisas
que a gente não explica.
Tem zunido de vento
mesmo sem ter vento.
Os ouvidos percebem
o gemido parado
no ar imobilizado.
Meio-dia, não bole
sequer o pé de avenca,
mas insiste o sibilo
enquanto a poeira dorme
no chão sem movimento.
Os mais moços indagam.
Os mais velhos se calam,
aceitam como fato
esse vento sem braços,
espalhado em lamento.
Na Barra do Cacunda
cai uma chuva estranha
que molha sem chover.
As roupas respingadas,
as botas encharcadas
fazem parte do dia
vivido no costume.
O sol vibra nas pedras,
as paredes gotejam

e rostos femininos
ressumam lentas bagas,
não de choro comum.
As mulheres não choram
na Barra do Cacunda.
A chuva é que lhes dá
a feição deslizante
de úmidas estátuas.
O mais, tudo normal.
Nascem crianças, morrem
os que têm de morrer
por lei da natureza.
Amores se entrelaçam
e outros se desmancham
como no mundo largo.
Barganhas de animais
se ajustam desde sempre.
O trabalho prossegue
na tenda do seleiro,
nos bilros da rendeira,
no tacho da doceira,
no descansado cálice
de branquinha servido
aos eternos fregueses
do botequim escuro.
O canto não cessou
na garganta habituada
a ritmar a tarefa
em pauta musical.
Modinhas despetalam-se

no entardecer mariano,
mesmo se o vento zune,
e a voz humana casa-se
ao zunido sem causa.
Na Barra do Cacunda,
se essa chuva invisível
está sempre envolvendo
o vestido engomado,
a saia bem passada,
nem por isso as mulheres,
esculturas molhadas,
desistem de passar
a ferro suas roupas
e sair e banhar-se
na chuva que não cai.
Veio ontem de lá
um viajante e contou:
Na Barra do Cacunda
as pessoas estudam
na aula do mistério.

## OS EXCÊNTRICOS

1

Chega a uma fazenda, apeia do cavalinho, ô de casa! pede que lhe sirvam leitão assado, e retira-se, qualquer que seja a resposta.

2

Diz: "Vou para o Japão" e tranca-se no quarto, só abrindo para que lhe levem alimento e bacia de banho, e retirem os excretos. No fim de seis meses, regressa da viagem.

3

Cola duas asas de fabricação doméstica nas costas e projeta-se do sobrado, na certeza-esperança de vôo. Todas as costelas partidas.

4

Apaixona-se pela moça, que casa com outro. Persegue o casal em todas as cidades para onde este se mude. O marido, desesperado, atira nele, pela janela. No outro lado da rua, de outra janela, dá uma gargalhada e desaparece: a bala acerta no boneco que o protege sempre.

5

Data suas cartas de certo lugar: "Meio do mundo, encontro das tropas, idas e vindas". Ao terminar, saúda: "Dãodarãodãodão" e assina: "Dr. Manuel Buzina, que não mata mas amofina".

## CAUTELA

Hora de abrir a sessão da Câmara.
O presidente não aparece.
O presidente está impedido.
O presidente está preso
em casa. Monta guarda
junto ao quarto repleto de ouro em pó.

Pode a campainha tilintar,
o sino do Rosário bater e rebater,
o Senado da Câmara implorar
protestar
destituir o faltoso.

O presidente tesoureiro do ouro em pó
tributo do povo à regência trina
vê lá se vai abrir sessão.
Presida quem quiser,
que esse ouro aqui ladrão nenhum virá roubar.

## A PAZ ENTRE OS JUÍZES

1º juiz de paz
2º juiz de paz
3º juiz de paz
4º juiz de paz
e nenhuma guerra jamais no município
onde todas as pessoas se entrelaçam,
parentes no sangue e no dinheiro,
e, parentes, se casam, tio-sobrinha,
prima e primo, enviúvam, se recasam
perenemente primos, tios e sobrinhas.

Que fazem os juízes modorrantes
à brisa nas cadeiras da calçada,
esperando uma guerra que não vem?
Brigam talvez aos dois e os outros dois
os separam, revezam-se, no tédio
de paz tão cinza, em vale assim tranqüilo?

Ou ficam ansiosos, expectantes,
de ouvido no chamado
para casar com toda a pompa e caixa de cerveja
a filha do guarda-mor, a bela Joana?

Perdão, o próprio guarda-mor
é o 1º juiz de paz, nada a fazer.

## HERÓI

Regressa da Europa Doutor Oliveira.
É dia de festa na cidade inteira.

Doutor Oliveira fez longa viagem.
Maior, mais brilhante ficou sua imagem.

Viajou de cavalo, de trem, de navio.
Foi bravo, foi forte, venceu desafio.

Falou língua estranja, que não percebemos.
Ergueu nosso nome a pontos extremos.

Conversou doutores de barbas sorbônicas
e viu catedrais, jóias arquitetônicas.

Papou iguarias jamais igualadas
nas jantas mais finas: *consommés,* saladas,

ovas de esturjão e pratos mil flambantes,
que aqui falecemos sem conhecer antes.

Praticou mulheres das mais perigosas,
ofertou-lhes mimos, madrigais e rosas.

Nenhuma o prendeu entre grades de seda.
Volta o nosso amigo, livre, de alma leda.

Tudo há de contar-nos, à luz do lampião,
para nosso pasmo e nossa ilustração.

Depressa, cavalos e arreios de prata,
que vai esperá-lo o povo bom, a nata.

Da cidade às portas, como triunfador,
eis chega Oliveira, preclaro doutor.

Ginetes aos centos correm a saudá-lo.
Foguetes, discursos e até o abalo

de tiros festivos no azul — eta nós!
dados por Janjão e por Tatau Queirós.

Pois quem destes matos foi até Paris
honrou nossa terra, deu-lhe mais verniz.

E assim, ao apear, desembarca na História
Doutor Oliveira, para nossa glória.

## DOUTOR MÁGICO

Dr. Pedro Luís Napoleão Chernoviz
tem a maior clientela da cidade.
Não atende a domicílio
nem tem consultório.
Ninguém lhe vê a cara.
Misterioso doutor de capa preta
ou invisível,
esse que cura todas as moléstias
(de preferência as incuráveis)
socorre presto os afogados
asfixiados
assombrados de raio
sem desprezar defluxo, catapora,
sapinho, panariz, cobreiro,
bicho-de-pé, andaço, carnegão
e não cobra nada
e não cobra nada,
nem no fim do ano?

É só abrir o livro, achar a página.

## CRÔNICA DE GERAÇÕES

Silêncio. Morreu o Comendador.
Merecia ser eterno
com seu poder, seu gado, suas minas,
seu dinheiro na burra.
Então morre — silêncio — o Comendador
e não desabam as montanhas
e o mundo, já vazio, não acaba?
Injusto ele morrer — o filho exclama.
Por que, em seu lugar,
o Senhor não chamou seu netinho enfezado,
esse menino aí, fracote, feio?

O menino ouve e come estas palavras,
assimila-as no sangue, e cresce e é forte
e poderoso mais que o Comendador.
Nasce-lhe por sua vez um filhinho enfezado
mas este
cresce sem maldição, fica por isso mesmo.

Nem sempre o Senhor chama. Ele às vezes esquece.

## LITANIA DAS MULHERES DO PASSADO

Ana Esméria
Ana Flávia Emiliana
Ana Claudina
Ana Miquelina
Ana Umbelina
Amanda Malvina
Liberalina:
        protegei os homens do clã.

Maria Feliciana
Maria Isidora
Maria Narcisa
Maria Presciliana
Maria Senhorinha
Maria Tomásia da Encarnação
Ricardina Honorata:
        amai os homens do clã.

Josefina Augusta
Placidina Augusta
Virgínia Augusta
Olímpia Bernardina
Rita Bernardina
Petronilha Carolina
Francisca Bárbara:
        exemplai os homens do clã.

## O ATOR

Era um escravo fugido
por si mesmo libertado.
Meu avô se foi à Mata
vender burro brabo fiado.
Chega lá, deita no rancho
para pitar descansado.
Duzentas, trezentas léguas
em macho bem arreado,
por muito que um homem seja
de ferro, fica estrompado.
"Vou dormir, sonhar meu sonho
de cobre e mulher trançado.
Por favor ninguém me amole
que trago dependurado
no arção da sela meu coldre
com pau-de-fogo. Obrigado."
"Dormir tão cedo, meu amo?
se no rancho do outro lado
do rio tem espetáculo
que há de ser de vosso agrado.
Faz três dias ninguém cuida
na roça e no povoado
senão de ver esta noite
*A Vingança do Passado.*"
Nem mais se recorda o velho
que estava mesmo pregado.
Calça bota, arrocha cinto

e já se vê preparado.
De noite, à luz de candeeiro,
o drama tem outra face.
É como se à letra antiga
outro valor se juntasse.
O rosto do ator imerge
de repente na penumbra
e uma pungência maior
entre cangalhas ressumbra.
Metade luz e metade
mistério, a peça caminha
estranha. Dormem lá fora
a tropa e a besta-madrinha.
Na noite gelada a história
fala de nobres de Espanha
e do dote de uma virgem
conspurcada pela sanha
caprina de Dão Fernando.
E depois de mil malícias
o vil exclama: "Calor,
ai calor que abrasa um conde!"
"Que ouço? Que fuça é esta?"
Meu avô salta do banco.
O fidalgo enxuga a testa
que a luz devassa, mostrando
a estelar cicatriz
do seu escravo fugido
bem por cima do nariz.
Empurrando a uns e outros,
meu avô acode à cena

e brandindo seu chicote
(pois anda sempre com ele
em roça, brejão ou vila)
fustiga o conde, sem pena:
"Bacalhau, ai bacalhau
que te abrase o rabo, diabo.
Acaba com esta papeata
senão sou eu que te acabo."
Era uma vez um artista
pelo berço mui dotado.
Ficou a noite mais triste
na tristidão do calado.
Cada qual se retirando
achava bem acertado.
Cumpre-se a lei. Está escrito:
a cada um o seu gado.
Para um escravo fugido
não há futuro, há passado,
pelo quê lá vai o conde
tocando burro e vigiado.
A tropa vai caminhando
pelo Segundo Reinado.

## MALOGRO

Primo Zé Antônio chefe político liberal
foi tudo em Minas
advogado
jornalista
inspetor de instrução
juiz de paz
suplente de juiz municipal
diretor juvenil de colégio
provedor de hospital
presidente de Câmara Municipal
deputado
senador
comendador.
Quando Sua Majestade o despachou governador do Rio Gran-
[de do Norte
onde nunca pusera os pés
proclamou-se levianamente a República.
Natal não conheceu um grande administrador.
Meu primo não cumpriu o seu destino.

## 15 DE NOVEMBRO

A proclamação da República chegou às 10 horas da noite
em telegrama lacônico.
Liberais e conservadores não queriam acreditar.
Artur Itabirano saiu para a rua soltando foguete.
Dr. Serapião e poucos mais o acompanhavam
de lenço incendiário no pescoço.
Conservadores e liberais recolheram-se ao seu infortúnio.
O Pico de Cauê quedou indiferente
(era todo ferro, supunha-se eterno).
Não resta mais testemunha daquela noite
para contar o efeito dos lenços vermelhos
ao suposto luar
das montanhas de Minas.
Não restam sequer as montanhas.

## O FRANCÊS

Emílio Rouède, esse francês errante
primeiro terrorista brasileiro:
dinamitou o túnel em Rodeio
para depor — audácia — Floriano.

Emílio? Dinamitou coisa nenhuma.
Sua dinamite era verbal.
Mas por via das dúvidas recolhe-se
à doçura dos cerros de Ouro Preto
aonde não chega o braço floriano.

E começa a pintar. E pinta pinta
paisagem mineira sem cessar.
Acabando a paisagem disponível
(ou o enerva a natura pachorrenta)
Vou ali — diz Emílio — ao Mato Dentro
fundar um ginásio e dar-lhe nome
de esquecido poeta destas brenhas.

Santa Rita Durão, outro agitado
que nem Emílio, volta às Minas pátrias.
É colégio, que bom. Mas dura pouco
e lá se vai Emílio, hoje fotógrafo,
rumo a diamantes improváveis
da longe Diamantina.
Os antigos referem: Por aqui
certo francês alegre andou um dia.

E lá se vai Emílio, rumo a nada.

## CRIAÇÃO

A alma dos pobres se vai sem música,
mas a dos grandes é exigente.
A Banda Euterpe, logo chamada
                por Monsenhor
para chorar o morto conspícuo
— azar — é nova, sem partitura.
Só se pedir à banda rival...
Henrique Dias (nome da outra)
recusa, egoísta. Defunto à vista
querendo arte. A tarde emurchece
                e Monsenhor
espera, aflito, marcha ou o que seja.
Emílio Soares, maestro, fecha-se
no seu quartinho. Dó ré mi sol...
A Musa baixa, ou Santa Cecília,
dita ao maestro o fúnebre arroubo.
Onze da noite. Dormem os fiéis
                não Monsenhor.
Eis, no silêncio, clara, a corneta
do carcereiro chamando os músicos
(são todos guardas municipais)
para ensaiar. A banda valente
acorda o povo, causando pânico
                a Monsenhor
e a todo mundo, que novidade
igual nunca houve. Como já sofrem,

amanhecendo, os de Henrique Dias!
Às nove, enterro. À frente, a batina
de Monsenhor.
Lá vai seguido da Banda Euterpe
que toca exausta, com sentimento,
luto orgulhoso, o Líbera-Mé,
favo da noite, glória de Emílio,
dádiva ao morto, que o céu inspira,
por Monsenhor.
Jamais um grande se foi sem música
e jamais teve outra, ungindo os ares,
como esta, grave, de Emílio Soares.

## GUERRA DAS RUAS

Rua de Santana
e Rua de Baixo
entraram em guerra.
Morador de uma
não sofreu desfeita
de morador da outra.
Ninguém violou
horta de ninguém
pra roubar legume.
Por que foi então
que brigam as duas?
A Rua de Baixo
e a de Santana
tomaram partido
na guerra medonha
russo-japonesa.
Lá os de Santana
são aristocratas,
russófilos feros;
os daqui de Baixo,
povo pé-rapado,
nipo-esperançosos.
Discutem, refutam,
atacam, recuam,
contra-atacam, lépidos.
Entre as ruas ferem-se
batalhas navais.

Porto Artur e Mukden
estrondam os ares
municipais.
O desfecho, sabe-se.
Ficaram rompidas
as ruas rivais
mas também ficaram
para sempre ruas
do mundo.

## MULADEIRO DO SUL

Chega o muladeiro, montado
em catedralesco animal branco
homem-cavalo-centauro-esplendor.
Tão rico ele é, pode comprar
todas as fazendas com seus fazendeiros
e levar, de pinga, o município.
Hospeda-se, imperial,
no único, mísero hotel
e lhe confere majestade.
Os hóspedes restantes curvam-se, humilhados.
As roupas finas, os dentes-joalheria,
a voz melodiosa, quem resiste
ao muladeiro do Sul?
Virgens querem entregar-se em casamento
ao in-Esperado que passeia em torno
uma aura de fastio sorridente.

Não despreza porém as casadas
e no baile em sua honra, tão distinto
cavalheiro, como dança
leve,
talvez encoste um pouco
demais... A bela dama
estranha seu olhar de faca florentina,
mas que é isso? Não veio apenas
comprar de meu marido a cavalhada?

Quero alguma coisa mais, os olhos dizem
e logo se recolhem: nada feito.
A bela dama, torre de virtude,
cala a tentativa, ante a visão
da ira do marido e seu revólver.
O mundo vinha abaixo... Não. Caluda.
O silêncio abre léguas de distância.
Desiste o Lovelace da conquista.

E compra a tropa, altíssimo negócio
de muitos contos, sem dinheiro à vista,
mas dinheiro pra quê? se o muladeiro
é a própria imagem dele, rutilante.
Lá vai, poeira de ouro, ferraduras
tinindo/retinindo estrada afora
a maior cavalhada, flor dos pastos
do maior criador. Mais para trás,
sem pó e sem rumor, navega nobre
em sua catedralesca montaria
o muladeiro do Sul. É todo glória.
Só não conseguiu a esquiva dama,
o resto vai consigo. A tarde curva
deixa passar o último vestígio
de pompa eqüestre. Vai... Baixam as moças
nas janelas a face pensativa.
Esse não volta mais. Adivinharam.
E nunca mais voltou, nunca pagou.

## TESTAMENTO-DESENCANTO

Nesta comarca do Piracicaba,
através da cadeia do Espinhaço,
o vazio começa, e tudo acaba
por ser amplo desânimo no espaço.

De meus escravos todos me dispenso
em doação a filhos de três leitos.
Conservarei apenas este lenço
de assoar. Paguem eles os direitos

novos e velhos na Coletoria
enquanto me alcatifo para a morte,
recamado de enjôo e cinza fria.

Não me venham dizer que é muito cedo
e há que merecer o passaporte.
A alma desiste, finda-se o brinquedo.

# FAZENDA DOS 12 VINTÉNS OU DO PONTAL

## O ECO

A fazenda fica perto da cidade.
Entre a fazenda e a cidade
o morro
a farpa de arame
a porteira
o eco.

O eco é um ser soturno, acorrentado
na espessura da mata.
E profundamente silencioso
em seu mistério não desafiado.

Passo, não resisto a provocá-lo.
O eco me repete
ou me responde?
Forte em monossílabos,
grita ulula blasfema
brinca chalaceia diz imoralidades,
finais de coisas doidas que lhe digo,
e nunca é alegre mesmo quando brinca.

É o último selvagem sobre a Terra.
Todos os índios foram exterminados ou fugiram.
Restou o eco, prisioneiro
de minha voz.

De tanto se entrevar no mato,
já nem sei se é mais índio ou vegetal
ou pedra, na ânsia da passagem
de um som do mundo em boca de menino,

som libertador
som moleque
som perverso,
qualquer som de vida despertada.

O eco, no caminho
entre a cidade e a fazenda,
é no fundo de mim que me responde.

## SALVE, ANANIAS

Avista-se na curva da estrada
o coqueiro Ananias
imperador da paisagem
e da passagem.
Grita-se: ANANIAS!
Não responde. O leve
frêmito de palmas é sua música particular.
Executa-a, soberano. Deixa-nos
passar.
Está ali desde antes de nascerem os viajantes.
Estará ali depois que todos morrerem.
Dá-se ao respeito.
Salve, Ananias, os que vão findar te saúdam.

## HORA MÁGICA

Pés contentes na manhã de março.
Ó vida! Ó quinta-feira inteira!
pisando a areia que canta, o barro que clapeclape,
a poça d'água que rebrilha.
Há de ser sempre assim, não vou crescer,
não vou ser feito os grandes, apressados,
aflitos, de fumo no chapéu,
esporas galopantes.
O dia é todo meu. E este caminho,
estas pedras, estes passarinhos, este sol espalhado
em cima de minha roupa, de minhas unhas.
Tenho canivete Rodger, geléia, pão-de-queijo
para comer quando quiser.
descobrir tesouro, bichos nunca vistos,
quem sabe se um feiticeiro, um ermitão,
a ondina ruiva do Rio do Tanque.
Igual aos índios. Igual a mim mesmo, quando sonho.

## BOITEMPO

Entardece na roça
de modo diferente.
A sombra vem nos cascos,
no mugido da vaca
separada da cria.
O gado é que anoitece
e na luz que a vidraça
da casa fazendeira
derrama no curral
surge multiplicada
sua estátua de sal,
escultura da noite.
Os chifres delimitam
o sono privativo
de cada rês e tecem
de curva em curva a ilha
do sono universal.
No gado é que dormimos
e nele que acordamos.
Amanhece na roça
de modo diferente.
A luz chega no leite,
morno esguicho das tetas
e o dia é um pasto azul
que o gado reconquista.

## CASARÃO MORTO

Café em grão enche a sala de visitas,
os quartos — que são casas — de dormir.
Esqueletos de cadeiras sem palhinha,
o espectro de jacarandá do marquesão
entre selas, silhões, de couro roto.
Cabrestos, loros, barbicachos
pendem de pregos, substituindo
retratos a óleo de feios latifundiários.
O casão senhorial vira paiol
depósito de trastes aleijados
fim de romance, *p.s.*
de glória fazendeira.

## MANCHA

Na escada a mancha vermelha
que gerações seqüentes em vão
tentam tirar.

Mancha em casamento com a madeira,
subiu da raiz ou foi o vento
que a imprimiu no tronco, selo do ar.

E virou mancha de sangue
de escravo torturado — por que antigo
dono da terra? Como apurar?

Lava que lava, raspa que raspa e raspa,
nunca há de sumir
este sangue embutido no degrau.

## BOTA

A bota enorme
rendilhada de lama, esterco e carrapicho
regressa do dia penoso no curral,
no pasto, no capoeirão.
A bota agiganta
seu portador cansado mas olímpico.
Privilégio de filho
é ser chamado a fazer força
para descalçá-la, e a força é tanta
que caio de costas com a bota nas mãos
e rio, rio de me ver enlameado.

## CAÇAMBA

Caçamba
o pé revestido de prata

caçamba
galope real selo sonoro

caçamba
meu poder meu poder na cidade e na mata

caçamba
vão-se glória e cavalo a um canto do *living*.

## PRIVILÉGIO

Chicote
de cabo de prata
lavrada
chicote
de *status*
não fica entre os outros
de couro e madeira
plebeus.
É guardado à parte,
zelado ao jeito
dos bens de família.
Não risca no flanco
de qualquer animal.
Reserva-se todo
para uso exclusivo
da mulher fazendeira.
O fino cavalo branco
recebe orgulhoso
a chicotada argêntea
de mão feminina.

## PROPRIEDADE

O capim-jaraguá, o capim-gordura
recobrem a mina de ouro sem ouro.
Pastam 200 bestas novas de recria,
150 reses pisam o que foi
a vinha de 30 mil pés. O engenho
de serra, fantasma petrificado.
O moinho d'água mói o milho mói a hora mói
o fubá da vida. Fubá escorre dos dedos,
polvilha amarelo os empadões de estrume
do curral. No espelho do córrego bailam
borboletas bêbadas de sol. Jabuticabeiras
carregadas esperam. No galho mais celeste
fujo da fazenda fujo da escola fujo
de mim.
Sou encontrado 50 anos depois
naquela ilha do Atlântico próxima à foz do Orenoco.

## PARÊMIA DE CAVALO

Cavalo ruano corre todo o ano
Cavalo baio mais veloz que o raio
Cavalo branco veja lá se é manco
Cavalo pedrês compro dois por mês
Cavalo rosilho quero como filho
Cavalo alazão a minha paixão
Cavalo inteiro amanse primeiro
Cavalo de sela mas não pra donzela
Cavalo preto chave de soneto
Cavalo de tiro não rincho, suspiro
Cavalo de circo não corre uma vírgula
Cavalo de raça rolo de fumaça
Cavalo de pobre é vintém de cobre
Cavalo baiano eu dou pra Fulano
Cavalo paulista não abaixa a crista
Cavalo mineiro dizem que é matreiro
Cavalo do Sul chispa até no azul
Cavalo de inglês fica pra outra vez.

## SURPRESA

Estes cavalos fazem parte da família
e têm orgulho disto.
Não podem ser vendidos nem trocados.
Não podem ser montados por qualquer.
Devem morrer de velhos, campo largo.

Cada um de nós tem seu cavalo e há de cuidá-lo
com finura e respeito
É manso para o dono e mais ninguém.
Meu cavalo me sabe seu irmão,
seu rei e seu menino.
Por que, no vão estreito
(por baixo de seu pescoço eis que eu passava)
os duros dentes crava
em minhas costas, grava este protesto?

*Coro fazendeiro:*

O cavalo mordeu o menino?
Por acaso o menino ainda mama?
Vamos rir, vamos rir do cretino,
e se chora, que chore na cama.

## NOMES

As bestas chamam-se Andorinha, Neblina
ou Baronesa, Marquesa, Princesa.
Esta é Sereia,
aquela, Pelintra
e tem a bela Estrela.
Relógio, Soberbo e Lambari são burros.
O cavalo, simplesmente Majestade.
O boi Besouro,
outro, Beija-flor
e Pintassilgo, Camarão,
Bordado.
Tem mesmo o boi chamado Labirinto.
Ciganinha, esta vaca; outra, Redonda.
Assim pastam os nomes pelo campo,
ligados à criação. Todo animal
é mágico.

## MULINHA

A mulinha carregada de latões
vem cedo para a cidade
vagamente assistida pelo leiteiro.
Pára à porta dos fregueses
sem necessidade de palavra
ou de chicote.
Aos pobres serve de relógio.
Só não entrega ela mesma a cada um o seu litro de leite
para não desmoralizar o leiteiro.

Sua cor é sem cor.
Seu andar, o andar de todas as mulas de Minas.
Não tem idade — vem de sempre e de antes —
nem nome: é a mulinha do leite.
É o leite, cumprindo ordem do pasto.

## O BELO BOI DE CANTAGALO

Por trás da bossa do cupim
a cobra espreita
o belo boi de Cantagalo
trazido com que sacrifício
de longas léguas a pé e lama
para inaugurar novo rebanho
dos sonhos zebus do Coronel.

Por trás da bossa do cupim
a cobra, cipó inerte,
medita cálculo e estratégia,
e o belo boi de Cantagalo
mal sente, sob o céu de Minas,
chegar o segundo-relâmpago
em que o cipó se alteia, se arremessa
e fere e se enrodilha e aperta
e aperta mais, aperta sempre
e mata.

Já não cobrirá as doces vacas
ao seu destino reservadas
o belo boi de Cantagalo,
e queda ali,
monumento desmantelado.
A bossa jaz ao lado da outra bossa,
no imóvel sol do meio-dia.

## DESTRUIÇÃO

No pasto mal batido
morre o zebu picado de cobra
morre o zebu vindo de Cantagalo
com que rebuliço de estrada de ferro
com que sacrifício de estrada de barro
com que orgulho de dono da terra
morre o boi indiano
com que silêncio de urubus
na tronqueira perto.

## O FAZENDEIRO E A MORTE

I

Bate na vaca, bate.
Bater até que ela adote
a cria da vaca morta
como sua cria morta.

Batebate na vaca, bate.

Bota couro sobre couro
na ilusão de cheiro-pêlo.
Se não vale,
bate na recusa, bate
naquilo que te rebate.

No desencontro da vaca
e do bezerro e das mortes
enlaçáveis
bate, debate, combate.
Em ti mesmo estás batendo
o deus que não vence o boi.

II

Não queres perder a cria,
é justo, é justo.
Não queres ver desfalcado

teu difícil gado suado.
E amas em cada bezerro
o boi eterno
na eterna pastagem, sangue
de teu viver.
E bates desesperado
porque a morte não deserta
o curral sujo.

A morte não te obedece
nem a teu amor de dono.
Não tem a morte piedade
de bezerro, a morte é leite
censurado.
Estás batendo na morte
com chicote apaixonado.
O criador ama a cria
como se fosse seu filho.
Aos filhos que tu perdeste
soma-se
o bezerro já morto junto ao ubre.

## ESTRADA

O cavalo sabe todos os caminhos,
o cavaleiro não.

A trompa
ecoa no azul longe
e no peito do viajante perdido.
Afinal os homens se encontram,
ninguém na terra é sozinho.

Caçadores chegam em festa
barbas faíscam ao sol
entre veados mortos
e ladridos.

O braço aponta o rumo
o braço goza a turbação.
Oi neto de boiadeiros
oi filho de fazendeiros
que nem sabes teus carreiros!
Que mais sabes?

Foge o tropel da trompa na poeira.
Tudo na terra é sozinho.

## ANTOLOGIA

Guardo na boca os sabores
da gabiroba e do jambo,
cor e fragrância do mato,
colhidos no pé. Distintos.
Araticum, araçá,
ananás, bacupari,
jatobá... todos reunidos
congresso verde no mato,
e cada qual separado,
cada fruta, cada gosto
no sentimento composto
das frutas todas do mato
que levo na minha boca
tal qual me levasse o mato.

## MELINIS MINUTIFLORA

No mais seco terreno, o capim-gordura
inunda o pasto de oleoso aroma,
catingueiro de atrair vacas,
afugentar cobras
mais carrapatos.
Seu pendão violáceo, balançante ao vento,
garante leite e carne com fartura,
na voz do agregado que celebra
as mil virtudes do capim-gordura:

"Esse gado todo
vive à custa dele.
Eu mesmo, que vivo
de cuidar do gado,
sou agradecido
ao capim-gordura,
pois além do mais,
na sua brandura,
ele é diurético,
antidisentérico,
antidiarréico.
Para rematar,
dá aos passarinhos
maciez de ninho.
Que na minha frente
ninguém fale mal

do santo capim-
gordura, criatura
da maior fervura
do meu peito amante!"

## AQUELE CÓRREGO

Tão alegre este riacho.
Riacho? Gota d'água em tacho.
Nem necessita pinguela
para chegar à outra margem.
Um salto: salto a corrente.
É ribeirão de presépio,
é mar de quem nunca viu
o mar, nem prevê o mar.

Tão festeiro, tão brincante
de lambaris rabeando
na transparência da linfa.
Tão espelho, tão pedrinhas
de luz chispante em arestas.
Que nome ele tem? Não tem
nome nenhum, tão miudinho
ele é. Pois é, qual riacho
qual nada. Ele é mesmo *corgo*
ou nem isso. É meu desejo
de água que não me afogue
e onde eu veja minha imagem
me descobrindo, indagando:
Que menino é esse aí?

Que menino é este aqui?
Não sei como responder.
A agüinha treme, trotina

sob o calhau atirado
por meu irmão. Ou por mim?
Melhor é deixar o *corgo*
brincar de ser rio e ir
passeando lambaris.

## AR LIVRE

Sopra do Cutucum
uma aragem de negras
derrubadas na vargem.
Venta do Cutucum
um calor de sovacos
e ancas abrasadas.
A cama é a terra toda
e o amor um espetáculo
oferecido às vacas
que não olham e pastam.
A carne sobre farpas,
pedrinhas e formigas,
dói que dói e não sente,
na urgência de cumprir
o estatuto do corpo.
E todo o Cutucum
é corpo preto-e-branco
enlaçado em si mesmo
e chupando, e chupado.

## INSCRIÇÕES RUPESTRES NO CARMO

Os desenhos da Lapa, tão antigos
que nenhum bisavô os viu traçar,
esses riscos na pedra, indecifráveis,
palavras sem palavra, nas falantes
ao surdo ouvido indiferente de hoje,
esse abafado canto das origens
que o professor não sabe traduzir
— à noite (cismo agora) se destacam
da laje fria, espalham-se no campo.
São notícias de índio, religiões
ligando mente e abismo, vida solta
em fantásticos ritos amorosos,
de sangue, de colheita, em meio a deuses
nativos do sertão do mato-dentro.
Cada linha desdobra-se: arabescos
sonoros, e uma festa como nunca
mais se veria em gleba conquistada
por meus antepassados cobiçosos
de ouro, gado, café, recobre a terra
devolvida a seus donos naturais.
Não o boi: o tapir, nem o sitiante
nem porteira-limite nem papéis
marcando posse, prazo, juro, herança.
É um tempo antes do tempo de relógio,
e tudo se recusa a ser História
e a derivar em provas escolares.

Lá vou eu, carregando minha pedra,
meu lápis, minha turva tabuada,
rumo à aula de insípidos ditados,
cismando nesses mágicos desenhos
que bem desenharia, fosse índio.

# MORAR NESTA CASA

## CASA

Há de dar para a Câmara,
de poder a poder.
No flanco, a Matriz,
de poder a poder.
Ter vista para a serra,
de poder a poder.
Sacadas e sacadas
comandando a paisagem.
Há de ter dez quartos
de portas sempre abertas
ao olho e pisar do chefe.
Areia fina lavada
na sala de visitas.
Alcova no fundo
sufocando o segredo
de cartas e baús
enferrujados.
Terá um pátio
quase espanhol vazio
pedrento
fotografando o silêncio
do sol sobre a laje,
da família sobre o tempo.
Forno estufado
fogão de muita fumaça
e renda de picumã nos barrotes.
Galinheiro comprido

à sombra de muro úmido.
Quintal erguido
em rampa suave, flores
convertidas em hortaliça
e chão ofertado ao corpo
que adore conviver
com formigas, desenterrar minhocas,
ler revista e nuvem.
Quintal terminando
em pasto infinito
onde um cavalo espere
o dia seguinte
e o bambual receba
telex do vento.
Há de ter tudo isso
mais o quarto de lenha
mais o quarto de arreios
mais a estrebaria
para o chefe apear e montar
na maior comodidade.
Há de ser por fora
azul 1911.
Do contrário não é casa.

## PORTA DA RUA

Vive aberta a porta da casa,
ninguém entra para furtar.
Por que se fecharia a casa?
Quem que se lembra de furtar?

Pois se há vida na casa, a porta
há de estar, como a vida, aberta.
Só se fecha mesmo esta porta
para quedar, ao sonho, aberta.

## DEPÓSITO

Há uma loja no sobrado
onde não há comerciante.
Há trastes partidos na loja
para não serem consertados.
Tamborete, marquesa, catre
aqui jogados em outro século,
esquecidos de humano corpo.
Selins, caçambas, embornais,
cangalhas
de uma tropa que não trilha mais
nenhuma estrada do Rio Doce.
A perna de arame do avô
baleado na eleição da Câmara.
E uma ocarina sem Pastor Fido
que à aranha não interessa tocar,
enorme aranha negra, proprietária
da loja fechada.

## VISITA MATINAL

É teatral a escada de dois lances
entre a rua e os Andrades.
Armada para ópera? ou ponte
para marcar isolamento?

Bater à porta da rua, tanto vale
gritar do Amazonas
a um homem que passeia na Moldávia.

Carece entrar, subir a escada
com fortes pés batendo as fortes tábuas.

— Que cavalo escoiceia desse jeito?
pergunta meu pai no entressono.
Meu Deus: é o doutor juiz de direito!

## ESCRITÓRIO

No escritório do Velho
trona o dicionário livro único
para o trato da vida.
O mais é ciência do sangue
soprada por avós tetravós milavós
e
percepção direta do mundominas.

O escritório do Velho é fazenda
abstrata.
Os papéis: terras cavalhadas boiadas
em escaninhos.

A mesa do Velho é tabernáculo da lei
indevassável à curiosidade menina
mas a poder de formão
levanta-se o tampo
abre-se a gaveta
furtam-se pratas de dois mil-réis
riqueza infinita de uma semana.

## RECINTO DEFESO

Por trás da porta hermética
a sala de visitas
espera longamente
visitas.

O sofá recusa
traseiros vulgares.

As escarradeiras
querem cuspe fino.

Ai, espelho nobre,
não miras qualquer.

Assim tão selada,
cheirando a santuário,
por que me negas, sala,
teu luxo?

Por favor, visitas,
vinde, vinde rápido
pra que eu também visite
a sala de visitas!

## MÚSICA

O monumento negro do piano
domina a sala de visitas.
É maior do que ela, na imponência
lustrosa de sua massa.
Nele habitam cascatas encadeadas
à espera da manhã.
Tão bom que não falasse.
Mas fala, fala. A casa é caixa
de ressonância. Os pratos vibram.
O ar é som, o cão reage,
trava luta renhida com Czerny
e perde.
O pobre do silêncio refugia-se
no bico do canário.

## PORTA-CARTÕES

O que há de mais moderno? Porta-cartões
pendente da parede
da sala de visitas, junto ao piano.

O porta-cartões, receptáculo de seda
em forma de leque ou coração,
semeado de finas pinturinhas
e bordados:
flores, asas, volutas
por mimosa mão-donzela entretecidas.

No interior do porta-cartões,
postais do Rio, de Vitória e Carangola,
de primos que, sublimes, passearam
no Bois de Boulogne, comprovando
nosso temperamento aventureiro.
(Os argonautas não medem perigos
e lonjuras.)
São paisagens seletas,
belezas e primores do Senhor
esparzidos na Terra.

Também alguns casais envernizados
em decoroso enlevo:
não se beijam (o beijo está nos olhos,
disfarçado?),
estampas tão suaves

e mais cartõezinhos de boas-festas
em recente dezembro
— essa outra novidade
de que começa a carpir-se João Gonçalves,
tal a sobrecarga de carteiro.

De todos o mais belo, na cidade,
porta-cartões, ainda não se sabe.
Porfiam senhoritas no preparo
de aladas peças, qual mais graciosa,
e escrevem, solicitam, recomendam,
insistem:
venham, venham cartões
formosos, coloridos, a florir
ainda mais a setínea coleção.
Na sala de visitas, as visitas
terão de confessar que este é o mais lindo
porta-cartões da sala brasileira.

## NOVA MODA

Areia
espalhada nas tábuas do soalho
é o maior requinte.
Há de ser branca
fininha
lavada peneirada.
O chão nervoso ringe
e todos se extasiam: Que lindeza.
É, mas andar descalço
já não dá aquele prazer de corpo livre
e à noite a cama é areia
a camisola, areia
o corpo, todo areia
e os sonhos, ah os sonhos são areia.

## RESUMO

Nunca ouvi o assobio do tapir
que desafiava os Coroados
e desafia os caçadores de anta nas matas do Carmo.
Vi o tapir estirado na sala, reduzido a tapete,
montei o tapir, na sela com enfeites de prata.
Que sei do tapir
senão sua derrota?

## O ARCO SUBLIME

Pintura... Que sentido
tem a palavra arte, que me ensinam?

A selva ancilosada na parede
da sala de visitas
não me convence
ou vence.

No céu sem moldura,
o arco-íris, brinquedo-de-olhar, jogo de olhar
e de pegar com a mente,
breve se desfaz, e continua
em mim, fascinador: arte-maior.

## TRÊS GARRAFAS DE CRISTAL

Na sombra da copa, as garrafas
escondem sua cintilação.
Esperam jantares de família
que nunca se realizarão.

A verde-clara, a rósea, a que refrange
todos os tons da transparência,
sem vinho que as anime, calam
o menor tinido de existência.

Cristais letárgicos, como as belas
nos bosques, e as jóias nas malas,
antiquários ainda não nasceram
que virão um dia buscá-las.

## TRÊS COMPOTEIRAS

Quero três compoteiras
de três cores distintas
que sob o sol acendam
três fogueiras distintas.

Não é para pôr doce
em nenhuma das três.
Passou a hora de doce,
não a das compoteiras,
e quero todas três.

É para pôr o sol
em igual tempo e ângulo
nas cores diferentes.
É para ver o sol
lavrando no bisel
reflexos diferentes.

Mas onde as compoteiras?
Acaso se quebraram?
Não resta nem um caco
de cada uma? Os cacos
ainda me serviam
se fossem três, das três.

Outras quaisquer não servem
a minha experiência.

O sol é o sol de todos
mas os cristais são únicos,
os sons também são únicos
se bato em cada cor
uma pancada única.

Essas três compoteiras,
revejo-as alinhadas
tinindo retinindo
e varadas de sol
mesmo apagado o sol,
mesmo sem compoteiras,
mesmo sem mim a vê-las,
na hora toda sol
em que me fascinaram.

## O LICOREIRO

O gosto do licor começa na idéia
licoreiro.
Digo baixinho: licoreiro. Que sabor
no som, no conhecimento do cristal
independente de licor-de-leite,
fabricação mui fina da cidade,
segredo da família de Oscarlina.

O licoreiro, vejo-o
delicioso em si, mesmo vazio
à espera de licor, de tal maneira
na forma trabalhada
habita o gosto perfumado
e em cada prisma-luz se distribui
ao paladar da vista já gozando.

— Que tem esse menino, a contemplar
o tempo todo o licoreiro
se dentro dele não há nada?
Meu Deus, esse menino é viciado,
está na pua, só de olhar o licoreiro!

## O VINHO

O vinho à mesa, liturgia.

Respeito silencioso
paira sobre a toalha.
A garrafa espera o gesto,
o saca-rolha espera o gesto,
a família espera o gesto
que há de ser lento e ritual.

Ergue-se o pai, grão-sacerdote,
prende a garrafa entre os joelhos,
gira regira a espira metálica
até o coração do gargalo.
Não faz esforço,
não enviesa,
não rompe a rolha.
É grave, simples,
de velha norma.

Nítido espoca
o ar libertado.
O vinho escorre
sereno, distribuindo-se
em porções convenientes:
copo cheio, os grandes;
a gente, dois dedos.

Bebe o pai primeiro.
Assume a responsabilidade
sacra.
Já podemos todos
saber que o vinho é bom
e piamente degustá-lo.

Mas quem diz que bebo solene?
Meu pensamento é o saca-rolha,
o sonho de abrir garrafa
como ele — só ele — abre.

A roxa mácula no linho,
pecado capital.
Esse menino
não aprende nunca a beber vinho?
(Quero é aprender a abrir o vinho
e nem mesmo posso aspirar
ao direito de abrir o vinho
que incumbe ao pai e a mais ninguém
em nossa antiga religião.)

## CHUPAR LARANJA

A laranja, prazer dourado.
A laranja, prazer redondo.
A laranja, prazer fechado.
A laranja, prazer de faca.

Ou canivete. Cada golpe
anuncia: já se aproxima
o íntimo prazer da laranja,
que não se dá sem sacrifício.

A laranja não se espedace,
para mais intenso prazer.
A laranja fique redonda,
mesmo sem casca: esfera branca.

Então corte rápido a lâmina
um dos pólos; a mão aperte,
e a boca sorverá, sensual,
a líquida alma da laranja.

Quem foi que, anônimo, inventou
o prazer de chupar laranja
em forma global de mamucha?
Gerações antigas sorriem
neste mestrado de volúpia.

## PAÍS DO AÇÚCAR

Começar pelo canudo,
passar ao branco pastel
de nata, doçura em prata,
e terminar no pudim?

Pois sim.
E o que bóia na esmeralda
da compoteira:
molengos figos em calda,
e o que é cristal em laranja,
pêssego, cidra — vidrados?

A gula, faz tanto tempo,
cristalizada.

## NOVO HORÁRIO

Rosa trouxe costumes elegantes
da Capital.
Já não se almoça às 9 da manhã
e não se janta às 4.
(O resto, o dia imenso, todo meu.)
Esse café do meio-dia quando sai?
Tudo é mais tarde, lento,
e há uma fome! uma fome!

Rosa trouxe a moda, com requintes
de enfeites e maneiras. Há um silêncio
de colégio francês no mastigar.
Certas comidas surgem transformadas,
muda o gosto,
muda a vida.

Azulou a divina liberdade.

## PESQUISA

Procuro a cor nos mínimos objetos
existentes em casa.
Na fita de seda azul que vai ornar
os cabelos de Rosa, flor suspensa
em campo negro.
Na estampa das peças de morim
amanhã convertidas em lencóis
enquanto a camponesa no trigal
revestida de sol
será rasgada por inútil.
(Tanto que pedi não a rasgassem
e dessem para mim.)
Procuro a cor
nos alfinetes de cabeça redonda.
Amarelo azul verde vermelho
roxo, tão perfeitos,
tão independentes do alfinete,
pequeninos mundos luminosos
contendo toda a cor, toda a linguagem
dos elementos não agrilhoados
à vontade dos grandes.
Cada cabecinha
conta seu poder tranqüilo, sua glória.
Começo a pressentir
na cor o quarto reino natural
a enriquecer de vida os outros reinos.

## AÇOITA-CAVALO

A madeira da cadeira
— ouvi o mano falar —
se chama açoita-cavalo
e fico logo a cismar.
Vou me sentar na cadeira
a modo de cavalgar,
de costas, pernas em gancho,
segurando no espaldar.
Montaria de madeira,
chicote de castigar.
Cavalo assim tão parado
nunca vi ninguém contar.
Em vão lhe puxo o cabresto
(cabestro de imaginar).
Não se move deste quarto
e por aqui vai ficar.
Já não repito: Upa, upa!
e de tanto esporear,
vou ficando embrabecido,
começo agora a xingar.
Porcaria de cavalo
empacado no lugar!
Nem mesmo com xingamento
se resolve a disparar,
enquanto eu, a sacudi-lo
em doido movimentar,
como último argumento

chicote estalando no ar,
de tanto esforço que faço
nem sei mais me equilibrar
e rolamos embolados
num barulho de espantar.
A madeira da cadeira
não serve para montar,
ou cavalo de madeira
nunca se deve açoitar?

## ESTOJO DE COSTURA

Tesouro da vista.
Não apenas alfinetes
de bolinha colorida na ponta.
Há os alfinetes voadores,
mágicos, de pombas
na cabecinha.
Não duvido nada que eles adejem
no quarto vazio.
"Vamos dar uma volta? — os alfinetes se dizem —
até o beiral da igreja, e voltamos."
"Não. O céu está cinzento,
o meu azul empalideceria."
"Ora, ora..."
Saem voando. Ninguém percebe
as pombas minúsculas no espaço.
Mamãe entra no quarto,
revolve o estojo de costura:
"Você andou mexendo em minhas coisas, menino?"

## ESCAPARATE

Sobre o escaparate
preto
o vidro de óleo de rícino
a caixinha de cápsulas
o copo facetado e
a colher inclinada.

Sobre o escaparate
o relógio de algibeira
o bentinho vermelho
e o terço da aflição
a chama
da vela de espermacete vigiando
no castiçal de prata.

Dentro do escaparate
o ágate expectante do penico.

Em volta do escaparate
a negra cólica da noite. — Estou morrendo.

## COPO D'ÁGUA NO SERENO

O copo no peitoril
convoca os eflúvios da noite.

Vem o frio nevoso
da serra.
Vêm os perfumes brandos
do mato dormindo.
Vem o gosto delicado
da brisa.

E pousam na água.

## QUARTO ESCURO

Por que este nome, ao sol? Tudo escurece
de súbito na casa. Estou sem olhos.
Aqui decerto guardam-se guardados
sem forma, sem sentido. É quarto feito
pensadamente para me intrigar.
O que nele se põe assume outra matéria
e nunca mais regressa ao que era antes.
Eu mesmo, se transponho
o umbral enigmático,
fico outro ser, de mim desconhecido.

Sou coisa inanimada, bicho preso
em jaula de esquecer, que se afastou
de movimento e fome. Esta pesada
cobertura de sombra nega o tato,
o olfato, o ouvido. Exalo-me. Enoiteço.
O quarto escuro em mim habita. Sou
o quarto escuro. Sem lucarna.
Sem óculo. Os antigos
condenam-me a esta forma de castigo.

## QUARTO DE ROUPA SUJA

Ao quarto de roupa suja
só vou se for obrigado.
No quarto de roupa suja
não há nada que fazer.
O quarto de roupa suja
não é quarto de brincar.
Em quarto de roupa suja
não tem graça me esconder.
O quarto de roupa suja
lembra sujeira de corpo.
Do quarto de roupa suja
não vou querer me lembrar.
No quarto de roupa suja
a roupa suja conversa.
O quarto de roupa suja
não tem fedor especial.
No quarto de roupa suja
cheira a ardido e nem é tanto
mas quarto de roupa suja
é o próprio cascão do sujo.
Do quarto de roupa suja
volto mais só e mais sujo.
No quarto de roupa suja
por que me querem prender?

## HIGIENE CORPORAL

Junto à latrina, o caixote
de panos de limpar cu
de menino.
Sá Maria é quem limpa o cu
e lava o pano.

Cresce o menino.
Assume a responsabilidade
de limpar seu próprio cu
com pedaços de jornal.
Sá Maria é chamada a outros deveres.

## CASA E CONDUTA

As partes claras
e as partes negras
do casarão
cortam no meio
meu coração.

Sou um ou outro
móbil caráter
conforme a luz
que me percorre
ou se reduz.

Anjo-esplendor,
mínimo crápula,
não sou quem manda
em mim no escuro
ou na varanda.

Serei os dois
no exato instante
em que abro a porta,
ainda hesitantes,
a porta e eu?

O casarão
de lume-e-sombra
é que decide

meu julgamento
na opinião
dos grandes, sem
apelação
do eu confuso,
no indefinível
entardecer.

## COZINHA

O burro e o lenheiro
caminham passo a passo no ofertório
mudo.
O burro, desferrado.
O lenheiro, descalço.
A lenha, outro silêncio.

A lenha, o lenheiro, o burro
queimam-se igualmente no fogão
desde que a vila é vila
e o mundo, mundo.

O burro, o lenheiro, a lenha
apagam-se, reacendem-se, letreiros
unos em solidão.

## O CRIADOR

A mão de meu irmão desenha um jardim
e ele surge da pedra. Há uma estrela no pátio
Uma estrela de rosa e de gerânio.
Mas seu perfume não me encanta a mim.
O que respiro é a glória de meu mano.

## CONCERTO

O cravo, a cravina, a violeta eram instrumentos de música
ou eram flores?
Na terra úmida filtrava-se
não sei que melodia de câmara
em múrmuro *ostinato*
e o jardim era uma sonata que não se sabia sonata.

## FLOR-DE-MAIO

Não na loja das Flores, de João Rosa:
no parapeito da varanda aberta
às cartas do sereno, é que te vejo,
            meu vaso em flor de seda,
meu agora só meu, que o tempo rói
                    o tempo,
nem anda na varanda mais ninguém
e o parapeito é vácuo neste peito,
meu cacto miniatura a florescer
nos olhos de uma antiga jardineira
que agora os tem fechados
                                        e sem maio.

## BEIJO-FLOR

O beijo é flor
no canteiro
ou desejo na boca?
Tanto beijo nascendo
e colhido
na calma do jardim
nenhum beijo beijado
(como beijar o beijo?)
na boca das meninas
e é lá que eles estão
suspensos
invisíveis

## ASSALTO

O povo agitado das galinhas
foge à verificação anal
de ovos por botar.
A empinada púrpura do galo
protesta contra a invasão do território.
Bateria de gritos
clarim cacarejante musicando
a sombra úmida do poleiro
tapete de titica verde onde escorrega
plaft
o roubador de indez para gemada.

## LITANIA DA HORTA

Horta dos repolhos, horta do jiló,
horta da leitura, horta do pecado,
horta da evasão, horta do remorso,
horta do caramujo e do sapo e do caco
de tigela de cor guardado por lembrança,
horta de deitar no chão e possuir a terra,
e de possuir o céu, quando a terra me cansa.

## ACHADO

Aqui, talvez, o tesouro enterrado
há cem anos pelo guarda-mor.
Se tanto o guardou, foi para os trinetos,
principalmente este: o menor.

Cavo com faca de cozinha, cavo
até, no outro extremo, o Japão
e não encontro o saco de ouro
de que tenho a mor precisão

para galopar no lombo dos longes
fugindo a esta vidinha choca.
Mas só encontro, e rabeia, e foge
uma indignada minhoca.

## CANTO DE SOMBRA

O canto de sombra e umidade no quintal.
Do muro de pedra escorre o fio d'água,
manso, no verde limoso, eternamente.
Uma gota e outra gota, no silêncio
onde só as formigas trabalham
e dorme um gato e dorme o futuro das coisas
que doerão em mim, desprevenido.
Crescem, rasteiras, plantas sem pretensão
de utilidade ou beleza.
Tudo simples. Anônimo.
O sol é um ouro breve. A paz existe
na lata abandonada de conserva
e no mundo.

## CISMA

Este pé de café, um só, na tarde fina,
e a sombra que ele faz, uma sombra menina
          entre pingos vermelhos.
          Sentado, vejo o mundo
abrir e reabrir o seu leque de imagens.
Que riqueza, viver no tempo e fora dele.
Eis desce lentamente o tronco e me contempla,
a embeber-se no meu e no sonho geral,
extasiada escultura, uma cobra-coral.

## BANHO DE BACIA

No meio do quarto a piscina móvel
tem o tamanho do corpo sentado.
Água tá pelando! mas quem ouve o grito
deste menino condenado ao banho?
Grite à vontade.

Se não toma banho não vai passear.
E quem toma banho em calda de inferno?
Mentira dele, água tá morninha,
só meia chaleira, o resto é da bica.

Arrisco um pé, outro pé depois.
Vapor vaporeja no quarto fechado
ou no meu protesto.
A água se abre à faca do corpo
e pula, se entorna em ondas domésticas.

Em posição de Buda me ensabôo,
resignado me contemplo.
O mundo é estreito. Uma prisão de água
envolve o ser, uma prisão redonda.
Então me faço prisioneiro livre.
Livre de estar preso. Que ninguém me solte
deste círculo de água, na distância
de tudo mais. O quarto. O banho. O só.
O morno. O ensaboado. O toda-vida.

Podem reclamar,
podem arrombar
a porta. Não me entrego
ao dia e seu dever.

## CHEGADA

Por que nos despejam
de nossos quartos milenários?
nos mandam passar a noite
sobre colchões de emergência, no chão,
na outra ala da casa, tão distante
de nossos cômodos,
de nossa intimidade com a cama, a cadeira, o penico,
de nosso trato com a bacia e o jarro de cada manhã,
de nossa muda convivência
com as sombras na parede, os sussurros
que vêm da rua, a voz sacramental
do relógio da matriz — é tarde —
batendo nove horas?

Ora, deixa estar que é bom.
Quem vai dormir em noite assim diversa?
Vai é jogar travesseiros um no outro,
criar fantasmas de lençol,
dizer besteiras, contar porcaria
sem perigo de ninguém mais ouvir.

Mas por que, me diz, esse bulício lá dentro,
esse ir-e-vir de passos abotinados,
esse outro pisar mais leve, mais seguro,
de mulher
(só pode ser da velha que não conhecemos
e que no lusco-fusco entrou em casa)?

Alguém geme, talvez. Alguém
agora está gemendo alto,
está gritando, abala o mundo? Horror
na treva sem explicação.
É ouvir e calar
nossa experiência de pavor.
Deve tudo estar certo, combinado
pelo poder dos grandes, enigmático.
Travesseiros, de cansaço, já não pulam
no escuro.
Gritos sem sentido já se apagam
na areia do cochilo
cochilante.

De manhã cedo, o sol em canto alegre:
"Esta noite
chegou mais uma irmãzinha pra vocês."

## BRINCAR NA RUA

Tarde?
O dia dura menos que um dia.
O corpo ainda não parou de brincar
e já estão chamando da janela:
É tarde.

Ouço sempre este som: é tarde, tarde.
A noite chega de manhã?
Só existe a noite e seu sereno?

O mundo não é mais, depois das cinco?
É tarde.
A sombra me proíbe.
Amanhã, mesma coisa.
Sempre tarde antes de ser tarde.

## TEMPESTADE

O raio
iluminou o mundo inteiro
até o fundo das almas.
Vida e inferno em relâmpago
se embolaram.
Depressa ao quarto! ao quarto obscuro!
De joelhos diante da cama.
Santa Bárbara na parede, valei-nos!
Nunca mais pecaremos nunca mais
havemos de merecer este castigo
de elétrica justiça.

A Santa escuta os pecadores
e sobre a enxurrada no cascalho
íris em arco, céu clemente,
celebra-se o casamento da raposa.

## A INCÔMODA COMPANHIA DO JUDEU ERRANTE

Não durmo sem pensar no Judeu Errante.
A esta hora,
onde está, não estará,
pois caminha eterno, e seus passos ressoam
neste quarto, embaixo da cama,
na gaveta do armário, na porta do sono?

Para que foram me contar essa história de Judeu Errante
que tem começo e nunca terá fim?
Não sei se é pena ou medo
ou medopenamedo
o que sinto por ele.
Sei que me atinge. Me fere. Não há banco
nem cama para o Judeu Errante.
Come no ar. Não pára.
Vestido de preto. Anda. Olhos sombrios. Anda.
Deixa marca de pés? Como é a sua voz?
E anda e anda e pisa no meu sonho.
Que mal fiz eu
para viver acorrentado à sua imagem?

## O MAIOR PAVOR

Pavores
esparsos na cidade,
infiltrados na vida de um qualquer:
a noite — caligem, facões de cabo curto
cintilando no negrume
para me matar.
O cavaleiro-assombração
que diminui o trote
pára
apeia
atravessa a porta aferrolhada
chega ao meu quarto e —
(o mais nem imagino).
O indiscutível lobisomem
saltando da boca narradeira de Sá Maria
em casos acontecidos muito perto
(amanhã será comigo?).
O morfético de Sete Cachoeiras
que estende o coto de mão pedindo água
(água não se deve recusar)
para infetar a cuia.
Maior de todos,
o salamaro sal catártico.
Maior, maior que ele ainda,
a poaia.
O mais ligado à gente, o sem-remédio,
areia amarela no copo grande

— toma, se não apanha!
humilhando a garganta
oferecendo o gosto que se tem pelo gostoso,
solução ou castigo de meus males
estômaco-morais?

A mão imperiosa
decide meu destino:
"Apanha e toma; é pra teu bem."
(Sempre que apanho é pra meu bem.)
Entre chinela e poaia
entre poaia e náusea,
irrompe, gêiser, a flor do vômito.

## REUNIÃO NOTURNA

Jamais ficou comprovado
que aqui habitam fantasmas.
Entretanto eles circulam
mesmo sem comprovação.

Não são duendes estranhos,
forasteiros indiscretos.
Têm um traço de família:
todos de nossa nação.

A moça trágica e antiga
quis vir com eles: inútil.
Não pertencendo à família,
foi barrada no porão.

Se teve um caso com o avô,
merecia ser dos nossos.
Insiste, implora. Recusam-lhe
direito à incorporação.

Tem quartos que todos sentem
preferidos, por escuros.
Saem debaixo da cama
ou de escondido alçapão?

Nenhum estalo de tábua
nem arrastar de chinelos.

Vêm conferir os parentes
com a reserva de um ladrão.

Não pregam susto a meninos,
respeitam nossos horários.
É quando estamos dormindo
que eles marcam reunião.

No sofá da sala sentam-se,
miram seus próprios retratos
e lançam na escarradeira
o cuspe de ocasião.

Se falam, ninguém escuta.
Se riem, ninguém percebe.
De qualquer modo merecem
toda a consideração.

Já grita seu grito de ouro
o galo da madrugada.
Os aéreos visitantes
assim como chegam, vão.

Mas fica no dia claro
um sabor de assombração.

## LIQUIDAÇÃO

A casa foi vendida com todas as lembranças
todos os móveis todos os pesadelos
todos os pecados cometidos ou em via de cometer
a casa foi vendida com seu bater de portas
com seu vento encanado sua vista do mundo
            seus imponderáveis
            por vinte, vinte contos.

# NOTÍCIAS DE CLÃ

## ANDRADE NO DICIONÁRIO

Afinal
que é andrade? andrade é árvore
de folhas alternas flores pálidas
                    hermafroditas
                    de semente grande
andrade é córrego é arroio é riacho
igarapé ribeirão rio corredeira
andrade é morro
povoado
ilha
perdidos na geografia, no sangue.

## BRASÃO

Com tinta de fantasma escreve-se Drummond.
É tudo quanto sei de minha genealogia.

## BRAÚNA

Baraúna
braúna
o pau canta no machado
o pau canta independente de machado
o nome canta
guaraúna
ibiraúna
muiraúna
parovaúna

De que são feitas minhas casas
minhas terras
meus cavalos?
De braúna.
Em meu catre de braúna o descanso de braúna
Meu passado
meus ossos de família
minha forma de ser
é de braúna

Braúna
para não acabar em tempo algum
para resistir
ficar na morte bem guardado
entre paredes de braúna eternamente

E disfarçar, braúna,
o que não é madeira, e chora.

## HERANÇA

De mil datas minerais
com engenhos de socar
de lavras lavras e mais lavras
e sesmarias
de bestas e vacas e novilhas
de terras de semeadura
de café em cereja (quantos alqueires?)
de prata em obras (quantas oitavas?)
de escravos, de escravas e de crias
de ações da Companhia de Navegação do Alto Paraguai
da aurifúlgida comenda no baú
enterrado no poço da memória
restou, talvez? este pigarro.

## HISTÓRIA

No império fomos liberais
e civilistas na República
(foi a primeira ou falta muito
para chegarmos à primeira?).
42, Santa Luzia,
na guerra fomos derrotados
e nas urnas Deus é quem sabe.
Nunca chegamos ao Poder
nem o Poder baixou a nós.
Ficamos, no choque de forças,
em surdina paralisada.
Mas temos castelos na Escócia.
Corrijo: nas Escócias do Ar.

## RAIZ

Os pais primos-irmãos
avós dando-se as mãos
os mesmos bisavós
os mesmos trisavós
os mesmos tetravós
    a mesma voz
o mesmo instinto, o mesmo
fero exigente amor
    crucificante
    crucificado
a mesma insolução
    o mesmo não
explodindo em trovão
ou morrendo calado.

## FOTO DE 1915

Esta família são dois jovens
alheios a tirar retrato.
Um se remira, espelho, no outro
e se reencontra num abraço.

Com o primeiro filho, a primeira
filha, e tormentosos trabalhos,
esta família é mais complexa.
Nem se pensa em colher imagens.

Vêm surgindo filhos (e penas).
Uns mal chegam, vão-se, enevoados.
Sobra tempo para imprimir
no papel o sonho da vida?

A família chega ao limite
de se sentar e recordar-se.
Já não cabe fotografia
panorâmica; um dia coube?

De Santa Bárbara o fotógrafo
chega em hora definitiva.
A tarde, a relva. Enquanto há sol,
cadeiras pousam no jardim.

Esta família faz-se grupo
imóvel mas sempre fixo.
Quanto sobrou de uma família:
a leve escultura de um grupo.

## AQUELE ANDRADE

Que há no Andrade
diferente dos demais?
Que de ferro sem ser laje?
braúna sem ser árvore?

É o Andrade navegante
pelas roças pelas vinhas
do Pontal?
Em seu cavalo mais alvo
singra o mar que não lhe deram.
Viajante mais estranho
deixa a terra
paira alto alto alto
e não chego ao seu estribo.

Mas desce à porta de casa
em tamanho natural.

## CONTADOR

As estórias que ele conta aos filhos
        Bicho Folhais
        Macaco Garcias
        Cafas Medonho
e volta a contar aos netos
        onça que comeu homem
        Pedro Bicudo que engoliu a dentadura
        cachorro que carregava defunto
        Saci-Pererê de São José do Calçado
        peras da miséria
        capado de João Carrinho
        papagaio de cu cosido
são os fatos positivos
a vida real e quente
que a gente vê apalpa assimila
ante a irrealidade de tudo mais.

## ESCRITURAS DO PAI

Cada filho e sua conta,
em cada conta seu débito
que um dia tem de ser pago.
A morte cobrando dívidas
de que ninguém se lembrava,
mas no livro de escrituras,
vermelha, a dívida estava.
São as despesas da vida
em algarismos cifrados.
Estarás sempre devendo
tudo quanto te foi dado
e nem pagando até o fim
o menor vintém de amor
jamais te verás quitado,
pois no livro de escrituras
— capital, juros e mora —
teu débito está gravado.

## O BEIJO

Mandamento: beijar a mão do Pai
às 7 da manhã, antes do café
e pedir a bênção
e tornar a pedir
na hora de dormir.

Mandamento: beijar
a mão divino-humana
que empunha a rédea universal
e determina o futuro.
Se não beijar, o dia
não há de ser o dia prometido,
a festa multimaginada,
mas a queda — tibum — no precipício
de jacarés e crimes
que espreita, goela escancarada.

Olha o caso de Nô.
Cresce demais, vira estudante
de altas letras, no Rio de outras normas.
Volta, não beija o Pai
na mão. A mão procura
a boca, dá-lhe um tapa,
maneira dura de beijar
o filho que não beija a mão sequiosa
de carinho, gravado
nas tábuas da lei mineira de família.

Que é isso? Nô sangra na alma,
a boca dói que dói
é lá dentro, na alma. O dia, a noite,
a fuga para onde? Foge Nô
no breu do não-saber, sem rumo, foge
de si mesmo, consigo,
e não tem saída
a não ser voltar,
voltar sem chamado,
para junto da mão
que espera seu beijo
na mais pura exigência
de terroramor.

Olha o caso de Nô.
7 da manhã.
Antes do café.

# O BANCO QUE SERVE A MEU PAI

O Banco Mercantil
do Rio de Janeiro:
seu envelope azul
anuncia dinheiro
que um vitoriano
o dr. João Ribeiro
guarda para meu pai.
Seu piso de ladrilho
pisado por viúvas
sagrados senadores
e quantos possuírem
apólices debêntures
valores *in aeternum*
é sólido em brilho.
Na incerteza de tudo
só é certo em janeiro
colher o dividendo
flor de longo trabalho
na pedrosa fazenda
de gadinho leiteiro
e se o país empenha
sua alma aos Rothschilds
nanja o velho mineiro
de ferro cauteloso
que tem seu mealheiro
no Banco Mercantil

todo modéstia e força
do Rio de Janeiro
o banco que é bem bom
o de Santos Dumont
e Pereira Carneiro.

## DISTINÇÃO

O Pai se escreve sempre com P grande
em letras de respeito e de tremor
se é Pai da gente. E Mãe, com M grande.

O Pai é imenso. A Mãe, pouco menor.
Com ela, sim, me entendo bem melhor:
Mãe é muito mais fácil de enganar.

(Razão, eu sei, de mais aberto amor.)

## SUAS MÃOS

Aquele doce que ela faz
quem mais saberia fazê-lo?

Tentam. Insistem, caprichando.
Mandam vir o leite mais nobre.
Ovos de qualidade são os mesmos,
manteiga, a mesma,
iguais açúcar e canela.
E tudo igual. As mãos (as mães?)
são diferentes.

## IRMÃO, IRMÃOS

Cada irmão é diferente.
Sozinho acoplado a outros sozinhos.
A linguagem sobe escadas, do mais moço
ao mais velho e seu castelo de importância.
A linguagem desce escadas, do mais velho
ao mísero caçula.

São seis ou são seiscentas
distâncias que se cruzam, se dilatam
no gesto, no calor, no pensamento?
Que léguas de um a outro irmão.
Entretanto, o campo aberto,
os mesmos copos,
o mesmo vinhático das camas iguais.
A casa é a mesma. Igual,
vista por olhos diferentes?

São estranhos próximos, atentos
à área de domínio, indevassáveis.
Guardar o seu segredo, sua alma,
seus objetos de toalete. Ninguém ouse
indevida cópia de outra vida.

Ser irmão é ser o quê? Uma presença
a decifrar mais tarde, com saudade?
Com saudade de quê? De uma pueril
vontade de ser irmão futuro, antigo e sempre?

## OS CHAMADOS

Elias vive 8 dias.
Sua biografia está em duas linhas paroquiais
e já surge Lincoln
chamado a viver 3 meses e 23 dias.
Antônio resiste
1 ano, 5 meses, 3 dias.
João de Deus: 2 anos, 9 dias.
Vem Sílvio: 4 meses e 3 dias.
E vem Olavo: 1 ano e 17.
Geraldo vive uma eternidade: 3 anos, 5 dias.
Flávia não vai além de 27.
É tempo de parar
e chorar.
Os outros seis, que deus os vai poupando,
acenando que esperem — para quê?

## DRAMA SECO

O noivo desmanchou o casamento.
Que será da noiva — toma hábito
ou se consagra à renda de bilro para sempre?

Tranca-se ao jeito das viúvas trágicas.

O noivo fica noivo novamente,
de outra moça, em outra rua.
A noiva antiga que dirá
em seu quartinho negro, à hora em que...?

À hora em que
passar a pé
o noivo com
seu cortejo, braço dado a braço dado,
rumo da noiva nova,
diz-que da antiga casa de noivado
a água descerá, em punição.

Lá vai o cortejo
todo ressabiado,
terno noivo
terno novo
preto de medo,
vestido novo
branco de medo,

olho de medo
no céu da casa.

Todas as janelas secamente fechadas,
sequer uma lágrima
pinga na lapela do noivo.

## ROSA ROSAE

Rosa
    e todas as rimas
Rosa
    e os perfumes todos
Rosa
    no florindo espelho
Rosa
    na brancura branca
Rosa
    no carmim da hora
Rosa
    no brinco e pulseira
Rosa
    no deslumbramento
Rosa
    no distanciamento
Rosa
    no que não foi escrito
Rosa
    no que deixou de ser dito
Rosa
    pétala a pétala
    despetalirosada

## REVOLTA

Não quero este pão — Quinquim atira
o pão no chão.

A mesa vira vidro, transparente
de emoção.
Quem ousa fazer isso em pleno almoço?
Pede castigo
o pão jogado ao chão.

O Castigador decreta:
Agora de joelhos você vai
apanhar este pão.
Vai fazer um barbante e amarrar
o pão no seu pescoço
e vai ficar o dia todo
de pão no peito, expiação.

Quinquim perdeu a força da revolta.
Apanha o pão, amarra o pão
no pescoço humilhado
e ostenta o dia todo
a condecoração.

## NOVA CASA DE JOSÉ

José entra resmungando no Paraíso.
Lança os olhos em torno:
— Pensei que fosse maior.
O azul das paredes está desbotado.
Então é isto, o Céu?

Os anjos entreolham-se: — Ah, José!
Estávamos tão contentes com sua vinda...
José procura o recanto menos luminoso
para encastelar-se com sua canastra:
— Ninguém me bula nisto.
O serafim-ecônomo sorri:
— Sossegue, José. Aqui todas as coisas
viram essência.
Você terá a essência de sua canastra.

A taciturnidade de José causa espécie aos velhos santos
que pulam carniça, brincam de roda:
— Não quer vir conosco? A amarelinha
vai ser uma coisa louca...
Leve aceno de cabeça e: — Obrigado
(entre dentes) é resposta de José.

São Pedro coça a barba: como fazer
José sentir-se realmente no Paraíso?
É sua casa natural, José foi bom,
foi ríspido mas bom.

Carece varrer do íntimo de José as turvas imagens
de desconfiança e solidão.
— Não há outro remédio, suspira São Pedro.
Vou contar-lhe uma anedota fescenina.

E José sorri ouvindo a anedota.

## CANTIGUINHA

Era um brinquedo maria
era uma estória maria
era uma nuvem maria
era uma graça maria
era um bocado maria
era um mar de amor maria
era uma vez era um dia
maria

## INSCRIÇÃO

Trágica menina
escondendo a sina
em placidez de água parada.

Trágica princesa
de um reino de dois andares
azuis,
mimada até a ponta das unhas
que se fincariam na pele
do frustrado viver.

Trágica madona
quatrocentista municipal,
hermética,
fugindo a denunciar as lanças cravadas
no alabastro palpitante.

Trágica três vezes,
três vezes muda,
sem despedida; coragem.

## O PREPARADO

Por que morreu aquele irmão
que há pouco brincava no quarto
sem qualquer signo na testa?

Há pouco brincava no quarto.

Foi só tempo de arder em febre
e de o doutor lhe receitar
um preparado que não havia.

O preparado que não havia.

A longa espera da encomenda
pelo correio, e quando veio
em lombo de burro, no chouto,

a morte beijara o menino.
Sá Maria diz que é o destino.

## ANJO-GUERREIRO

Ó João Jiló, fiscal da Câmara,
por que foste cortar a água
do sobrado do Coronel?
A pena d'água estava paga,
o Coronel estava ausente.
As panelas escureceram,
os meninos morrem de sede,
as camisas morrem de sujo.
Foi por vingança, João Jiló?
Foi por política, não foi?
Ah, Jiló, isto não se faz
com o Coronel nem com o sobrado.

Sá Maria, machado em punho,
já segue no teu encalço,
pelos botecos te procura
e pelos becos te reclama.
A empregada do Coronel
ofensas tais não admite.
Quando a encontrares, toma tento,
foge, foge, João Jiló,
ou antes, não fujas: abre
a água para o Coronel.

Não abres? Recusas? João,
ó João, insensato João,
já se ergue o fero machado

de rachar lenha e cabeça.
Invocas a autoridade,
a lei, a prisão perpétua?
Que importa, se Sá Maria,
acima da lei, é a própria
leoa negra do sobrado,
anjo-guerreiro da família
do Coronel.

Relumeia o ferro no espaço
e logo baixa, relampeante
sobre registro e encanamento.
Então pensavas, João Jiló,
que era para te matar,
a ti, simples fiscal da Câmara?
A água rebenta, libertada
da carceragem da política
e vai direta, vai esperta
para as panelas, os banheiros
e os meninos do Coronel.

## CONVERSA

Há sempre uma fazenda na conversa
bois pastando na sala de visitas
divisas disputadas, cercas a fazer
porcos a cevar
a bateção dos pastos
a pisadura da égua
de testa — e vejo o céu — testa estrelada.

Há sempre
uma família na conversa.
A família é toda a história: primos
desde os primeiros degredados
filhos de Eva
até Quinquim Sô Lu Janjão Tatau
Nonô Tavinho Ziza Zito
e tios, tios-avós, de tão barbado-brancos
tão seculares, que são árvores.
Seus passos arrastam folhas. Ninhos
na moita do bigode. Aqui presentes
avós há muito falecidos. Mas falecem
deveras os avós?
Alguém deste clã é bobo de morrer?
A conversa o restaura e faz eterno.

Há sempre uma fazenda, uma família
entrelaçadas na conversa:

a mula & o muladeiro
o casamento, o cocho, a herança, o dote, a aguada
o poder, o brasão, o vasto isolamento
da terra, dos parentes sobre a terra.

## OS GRANDES

E falam de negócio.
De escrituras demandas hipotecas
de apólices federais
de vacas paridas
de éguas barganhadas
de café tipo 4 e tipo 7.

Incessantemente falam de negócio.
Contos contos contos de réis saem das bocas
circulam pela sala em revoada,
forram as paredes, turvam o céu claro,
perturbando meu brinquedo de pedrinhas
que vale muito mais.

## COMEMORAÇÃO

Tristes aniversários. O presente,
briga de boca, repetida.
O presente,
sensação de vida torta sem conserto.
O presente,
arrependimento de nascer.
O presente,
ânsia de fugir sem para onde ir.
O presente
pudim de choro em calda.
O presente,
idéia de morte, liquidação de todo aniversário,
morte que ninguém ouse
comemorar.

## ATENTADO

O cachorro em convulsões rola escada abaixo.
Seu vômito verde
colore de morte os degraus.
Comeu bola.
Nunca se saberá quem matou.
O assassino invisível golpeia
a orgulhosa família desarmada.

## SOBRADO DO BARÃO DE ALFIÉ

Este é o Sobrado.
Existam outros, mas não se chamem
o Sobrado, peremptoriamente.

A escada de duas subidas já define
sua importância: lembra um trono.
É casa de barão, entre plebeus.

Sob a cimalha vejo a estatueta
de louça lusitana, vejo os vasos
de azul-vaidade, contra o azul do céu.

As sacadas, onde pairam minhas primas
acima das procissões, jovens olímpicas
entre vôo e terra.

Ó século glorioso 19,
reinante no Sobrado, onde a quadrilha
estronda as tábuas do soalho, mal sabendo
que outro tempo chegou para levar
na dança o que é sobrado e contradança.

## OS TIOS E OS PRIMOS

Tios chegam de Joanésia,
trazem primos crescidos e de colo,
três cargueiros pejados de canastras
e alforjes.
Apeiam, tropel-raio, em nossa casa,
batalhão invasor.

Pisam duro, de botas,
batem portas-trovão a toda hora,
soltam gargalhadas colossais
e comem comem comem aquele peito
de galinha que é meu de antiga lei.

Uma prima bonita? Que me importa.
Se rouba minha cama, é inimiga,
e humilhado vou dormir no chão.
Arrebatado meu lugar na mesa,
profanadas gavetas-santuário
de figurinhas, selos e segredos,
escorraçado no meu reino,
odeio os monstros da família.

Uma semana inteira eles passeiam
os pés em minha paz. Serão eternos?
Contrai-se a casa enorme: vira ovo
de gema irada e clara de ciúme.

Eis que um dia
arreiam-se cavalos. As canastras
descem as escadas com ribombo.
Os tios volumosos,
os primos estrondeantes se despedem
num triturar de abraços, prometendo
voltar ano que vem. Ah, uma bomba
espanhola, que eu sei pelo jornal,
um breve terremoto
afunde cavaleiros e cavalos
na descida da serra...
Meu Deus, peço o absurdo?
Mas poupe aquela prima
bonita (eu sinto agora)
que deixou no lençol a dobra do seu corpo.

Regresso à minha cama, perturbado.

## A NOTÍCIA

Ambrósio Lopes, que fez Ambrósio Lopes?
Matou-se.
Pior é que não se matou com faca rápida,
mas com lenta lâmina indecisa.
Leva uma semana agonizando
em algum sobrado, longe.

A notícia chega em telegrama verde:
Ambrósio está nas últimas.
Vamos todos visitar sua mulher e filhos
que esperam na sala o telegrama definitivo.

Quando vem a morte? Virá hoje?
Até amanhã resiste Ambrósio Lopes?
Serve-se café com biscoitos.
Conversa-se.

A espera, toda espera, é eternidade.
Os assuntos viram polvilho mastigado,
resto de açúcar na xícara.

Chega afinal o mensageiro trágico.
Explode um grito, pranto em coro.
Abraçamo-nos todos, e derramo
também minhas lágrimas de visita.

Por entre o nevoeiro vejo a mulher de Ambrósio Lopes
marmorizar-se viúva, estátua
de véu-negrume para sempre.
Os filhos de Ambrósio Lopes adquirem num segundo
caras despedaçadas de órfãos.

Eu mesmo, orfandade e viuvez nas entranhas,
assumo completamente
o suicídio a faca de Ambrósio Lopes.

## MULHER VESTIDA DE HOMEM

Dizem que à noite Márgara passeia
vestida de homem da cabeça aos pés.
Vai de terno preto, de chapéu de lebre
na cabeça enterrado, assume
o ser diverso que nela se esconde,
ser poderoso: compensa
a fragilidade de Márgara na cama.

Márgara vai em busca de quê? de quem?
De ninguém, de nada, senão de si mesma,
farta de ser mulher. A roupa veste-lhe
outra existência por algumas horas.
Em seu terno preto, foge das lâmpadas
denunciadoras; foge das persianas
abertas; a tudo foge
Márgara homem só quando noite.

Calças compridas, cigarro aceso
(Márgara fuma, vestida de homem)
corta, procissão sozinha, as ruas
que jamais viram mulher assim.
Nem eu a vejo, que estou dormindo.
Sei, que me contam. Não a viu ninguém?
Mas é voz pública: chapéu desabado,
casimira negra, negras botinas,
talvez bengala,
talvez? revólver.

Esta noite — já decidi — levanto,
saio solerte, surpreendo Márgara,
olho bem para ela
e não exclamo, reprovando
a clandestina veste inconcebível.
Sou seu amigo, sem desejo,
amigo-amigo puro,
desses de compreender sem perguntar.

Não precisa contar-me o que não conte
a seu marido nem a seu amante.
A (o) esquiva Márgara sorri
e de mãos dadas vamos
menino-homem, mulher-homem,
de noite pelas ruas passeando
o desgosto do mundo malformado.

## DODONA GUERRA

Dodona
Guerra.
Guerra
a Dodona.
Pedra
na telha
pedra
na cara
pedra
na alma.
Dodona
louca,
loucos
moleques
contra
Dodona.
Dodona
eterna
fera
enjaulada
uiva
às pedradas,
amaldiçoa
cada moleque
cada família
pedradamente.

## REJEIÇÃO

Não sei o que tem meu primo
que não me olha de frente.
Se passo por sua porta,
é como se não me visse:
parece que está na Espanha
e eu, velhamente, em Minas.
Até me virando a cara,
a cara é de zombaria.
Se ele pensa que é mais forte
e que pode me bater,
diga logo, vamos ver
o que a tapa se resolve.
A gente briga no beco,
longe dos pais e dos tios,
mas briga de decidir
essa implicância calada.
Qual dos dois, mais importante:
o ramo dele, o meu ramo?
O pai mais rico, quem tem?
Qual o mais inteligente,
eu ou ele, lá na escola?
Namorada mais jeitosa,
é a minha ou é a dele?
Tudo isso liquidaremos
a pescoção, calçapé,
um dia desses, na certa.
Sem motivo, sem aviso,

meu primo declara guerra,
essa guerrinha escondida,
de mim, mais ninguém, sabida.
Pode pois uma família
ser assim tão complicada
que nós dois nos detestamos
por sermos do mesmo sangue?
Nossas paredes internas
são forradas de aversão?
Será que o que eu penso dele
ele é que pensa de mim
e me olha atravessado
porque vê na minha cara
o vinco de zombaria
e um sentimento de força,
vontade de bater nele?
Meu Deus, serei o meu primo,
e a mesma coisa sentimos
como se a sentisse o outro?

## SANTO PARTICULAR

Dom viçoso é o santo da família.
Humilde-forte, quem pode com ele
no céu mineiro,
áureo de legendas?
Não é canonizado? Tanto faz.
E é santo à mão: nosso quase vizinho
de Mariana.

Santinhos, bentinhos encarnados
não multiplicam sua imagem.
Nem verônica nem dia de folhinha
fazem propaganda deste santo.
Mas ele é santo — Papai, que sabe, afirma.

Dom Viçoso, na alpestre
Cartuxa da Mariana,
fica entre a gente e o Paraíso,
ajeitando os negócios de Papai.

## IMPORTÂNCIA DA ESCOVA

Gente grande não sai à rua,
menino não sai à rua
sem escovar bem a roupa.
Ninguém fora se escandalize
descobrindo farrapo vil
em nossa calça ou paletó.

Questão de honra, de brasão.
Ninguém sussurre:
A família está decadente?
A escova perdeu os pêlos?
A fortuna do Coronel
não dá pra comprar escova?

Toda invisível poeirinha
ameaça-nos a reputação.
Por isso a mãe, sábia, serena,
sabendo que sempre esqueço
ou mesmo escondo, impaciente,
esse objeto sem fascínio,
me inspeciona, me declara
mal preparado para o encontro
com o olho crítico da cidade.
E firme, religiosamente,
vai-me passando, repassando
nos ombros, nas costas, no peito, nas pernas,
na alma talvez (bem que precisava)
a escova purificadora.

## O EXCOMUNGADO

Minha mãe que é tão fraca, ela sabe porém
o poder que a palavra imprevista contém.

Hoje me excomungou porque fiz um mal-feito.
Não vou crescer feliz, agora não tem jeito.

Excomungado estou por decreto materno.
Pior que amaldiçoado — escrevo no caderno.

Já não sei que fazer, busco dentro de mim.
Desmereço de todo o prato de pudim.

Sinto que me atolei na mais negra peçonha.
Passei a ser um réu coberto de vergonha.

Mas no triste do quarto acende-se um luzeiro.
Copio e botarei sob o seu travesseiro

o já tradicional pedido de perdão:
"Minha mãe, me arrependo. Eu não faço mais não."

## ROMANCE DE PRIMAS E PRIMOS

A prima nasce para o primo.
O casamento foi marcado
no ato mesmo da concepção.
Entre os primos, é eleito o primo
que melhor convém ao tratado.
Sem exclusão dos demais primos
perfilados todos à espera
de chamado se a vida muda.

Assim nascem todas as primas,
destinadas a matrimônio
do outro lado da mesma rua.
Os sobradões se comunicam
em passarela de interesses
da vasta empresa da família
que abrange bois, terras, apólices,
paióis de milho e tradição.

Serão multíparas as primas
a primos árdegos unidas.
À noite, no maior recato,
apagado o lampião, arquejos
e repugnâncias abafadas
contribuirão para a grandeza
do eterno tronco familial,
bem mais precioso que as pessoas.

De filhos, netos e bisnetos
o futuro já foi traçado
em firmes letras de escritura:
O país serrano pertença
a primos, primas e mais primos
encomendados com sapiência
pelo conselho soberano
de tios primos entre si.

Para lá dos cerros, a Terra
há de curvar-se ao poderio
deste grupo à sombra de Deus
— o deus especial das terras
dos rebanhos e dos princípios
particulares que dominam
a fortaleza atijolada
em mescla de sangue e dinheiro.

Mas um dia as primas se enervam
de nascer assim programadas
para um fim geral sem prazer.
Já os primos se desencantam
desta sorte a que estão jungidos.
E uma estampa de herói de filme,
outra estampa de estrela nórdica
acicatam insônias púberes.

Eis que aportam rapazes louros,
de um louro claro que deslustra
o banal moreno dos primos.
Vêm a negócios, mas reparam

numas primas ajaneladas
dispostas a romper a lei
da missão sem gosto e sem graça
de funcionárias da família.

Por sua vez os primos ardem
de voraz, incontido ardor
pela equilibrista do circo
e suas nervosas, elásticas
pernas que jamais uma prima
lhes mostrara, se é que possuíra
jóias tais sob as circunspectas
multissaias e plurianáguas.

Outro assunto, meses a fio,
não conhece o burgo serrano
senão este, de estarrecer:
Entre as primas, a mais prendada
fugiu com o mais louro moço
entre os ádvenas moços louros
e seu primo compromissado
lá se foi, saltimbanco errático.

A partir de então — adivinha-se —
desimpedidos os primos
de escolher par a seu gosto,
cada qual atira seus olhos
no rumo sem fim da aventura,
e de seculares raízes,
riquezas, títulos e taras,
nada resta — e ri-se o Diabo.

## O VIAJANTE PEDESTRE

O fazendeiro está cansado.
É cansaço de gerações.
Já não passeia a vista satisfeita
pelo universo de cinco fazendas.
Vende as menores. Doa aos filhos
as duas grandes.

O fazendeiro descansa
de um trabalho que vem de antes
de ter nascido. Vem de índios
e mineradores.
Cumpriu sua lei. Agora os filhos
cumpram a deles.
Mas um não sabe a cor da terra,
nunca aprendeu, nem saberá
a rude física das estações;
o jeito de um boi; a sagração do milho.
Que fará na roça esse herdeiro triste
de um poder antigo?

Desiste. Vai
viver o destino urbano
de qualquer homem.
A mala pronta. A "condução" espera
à porta da casa.

Não, não espera.
Não há "condução".

Sumiu o cavalo
no oco do pasto.
Sumiu a viagem
na estrada de barro.
Sumiu a esperança
de chegar a tempo
ao destino urbano.
Só o "camarada"
esperando ordens.

— A gente vai mesmo de-a pé. Eu na frente, como viajante e senhor. Você atrás, com a mala nas costas. Até eu pegar o trem no fim das oito léguas. Combinado?

Combinado. Que remédio?
O filho do fazendeiro
senhor de cinco fazendas
lá vai, pé de lama afora.
Sobe morro desce morro
passa ponte passa pinguela
passa tropa de cincerro
passa vento passa chuva
passa outros viajantes
imperialmente montados
em prateados corcéis
de crinas mais que argentinas.
Lá vai, degradado, a pé.
E vai com tanta sustância
tal empuxo de chegar
que não percebe, não sente

como os olhos espantados
que cruzam no seu caminho
julgam seu pedestre afã.
(A distância que separa
o empafioso ginete
de um mísero duas-patas!)

— Meu pai, cheguei a salvo e muito de mim contente pela prova de resistência que venci com a graça de Deus e a fibra que o senhor me transmitiu. Que tal?

— Que tal? E ainda tem topete
de perguntar que gostei?
Pode haver maior afronta
para antigo fazendeiro
dono de cinco estirões
de chão coberto de mulas
e cavalos valorosos
que ver seu filho varando
pior que descalço, a pé,
roteiros onde retine
a orgulhosa memória
de seus animais de estima?
Ele que sempre emprestou
montarias de alto porte
a quem delas precisasse?
Por que tanta impaciência?
O pasto, por mais imenso,
não é terra do sem-fim.
Todo cavalo sumido

aparece logo mais.
A vida ensina a esperar
uma hora, duas horas,
até mesmo o dia inteiro.
Já nem sei onde é que estou
que não sumo de mim mesmo,
de tão dorida vergonha
por meu filho desmontado
e por cima se gabando
da condição rebaixada!
Meu pai, meu avô, meu bisa-
vô de nobres equipagens
lá no céu dos fazendeiros
estão despedindo raios
de irada condenação
sobre esse tonto rebento
que nem noção de decoro
conserva em sua tonteza...
Com você, filho, começa
a desabar a família.

## PROCURAR O QUÊ

O que a gente procura muito e sempre não é isto nem aquilo. É outra coisa.

Se me perguntam que coisa é essa, não respondo, porque não é da conta de ninguém o que estou procurando.

Mesmo que quisesse responder, eu não podia. Não sei o que procuro. Deve ser por isso mesmo que procuro.

Me chamam de bobo porque vivo olhando aqui e ali, nos ninhos, nos caramujos, nas panelas, nas folhas de bananeira, nas gretas do muro, nos espaços vazios.

Até agora não encontrei nada. Ou encontrei coisas que não eram a coisa procurada sem saber, e desejada.

Meu irmão diz que não tenho mesmo jeito, porque não sinto o prazer dos outros na água do açude, na comida, na manja, e procuro inventar um prazer que ninguém sentiu ainda.

Ele tem experiência de mato e de cidade, sabe explorar os mundos, as horas. Eu tropeço no possível, e não desisto de fazer a descoberta do que tem dentro da casca do impossível.

Um dia descubro. Vai ser fácil, existente, de pegar na mão e sentir. Não sei o que é. Não imagino forma, cor, tamanho. Nesse dia vou rir de todos.

Ou não. A coisa que me espera, não poderei mostrar a ninguém. Há de ser invisível para todo mundo, menos para mim, que de tanto procurar fiquei com merecimento de achar e direito de esconder.

## SOLILÓQUIO DO CALADINHO

Eu não sei o que diga
se me falam na rua.
Não estou preparado
para conversa-no-ar.

Não sei fazer visita
e dizer as amenas
frases que toda gente
traz no bolso da calça.

A mentira é difícil
e não por ser mentira:
porque exige da gente
a arte de inventar.

A alegria é difícil
de se manifestar,
não por ser alegria.
Porque é forte demais.

O sofrimento é fácil
de se exibir na face.
Tudo dói, tudo queima
sem fósforo aparente.

Os parentes me falam
uma língua só deles.

Eu entendo a linguagem
das pedras sem família.

Tudo é mais complicado
se se tenta explicar
Um gato me fitou,
percebi tudo: nada.

## COLEÇÃO DE CACOS

Já não coleciono selos. O mundo me inquizila.
Tem países demais, geografias demais.
Desisto.
Nunca chegaria a ter álbum igual ao do Dr. Grisolia,
orgulho da cidade.
E toda gente coleciona
os mesmos pedacinhos de papel.
Agora coleciono cacos de louça
quebrada há muito tempo.

Cacos novos não servem.
Brancos também não.
Têm de ser coloridos e vetustos,
desenterrados — faço questão — da horta.
Guardo uma fortuna em rosinhas estilhaçadas,
restos de flores não conhecidas.
Tão pouco: só o roxo não delineado,
o carmesim absoluto,
o verde não sabendo
a que xícara serviu.
Mas eu refaço a flor por sua cor,
e é só minha tal flor, se a cor é minha
no caco da tigela.

O caco vem da terra como fruto
a me aguardar, segredo
que morta cozinheira ali depôs

para que um dia eu o desvendasse.
Lavrar, lavrar com mãos impacientes
um ouro desprezado
por todos da família. Bichos pequeninos
fogem de revolvido lar subterrâneo.
Vidros agressivos
ferem os dedos, preço
de descobrimento:
a coleção e seu sinal de sangue;
a coleção e seu risco de tétano;
a coleção que nenhum outro imita.
Escondo-a de José, por que não ria
nem jogue fora esse museu de sonho.

## DOIS RUMOS

Mentir, eis o problema:
minto de vez em quando
ou sempre, por sistema?

Se mentir todo dia,
erguerei um castelo
em alta serrania

contra toda escalada,
e mais ninguém no mundo
me atira seta ervada?

Livre estarei, e dentro
de mim outra verdade
rebrilhará no centro?

Ou mentirei apenas
no varejo da vida,
sem alívio de penas,

sem suporte e armadura
ante o império dos grandes,
frágil, frágil criatura?

Pensarei ainda nisto.
Por enquanto não sei
se me exponho ou resisto,

se componho um casulo
e nele me agasalho,
tornando o resto nulo,

ou adiro à suposta
verdade contingente
que, de verdade, mente.

## CONTO DE REIS

Anabela Drummond foi rainha de Escócia
avó
de soberanos que reinaram por centúrias
em Scótia e Britânia,
minha avozíssima também, como esquecer?
Não consigo entender por que o juiz de direito
o agente executivo, o coletor,
o vigário e demais pessoas gradas
não vêm aqui em casa render vassalagem
aos netos exilados de Anabela.

## REPOUSO NO TEMPLO

Não se enterram a céu aberto.
O cemitério não lhes convém.
Ficam sob o chão da sacristia da Matriz
ou, distinção especial, ao pé dos altares da capela-mor.
Aí estão mais perto de Deus,
e, mesmo não se rezando especialmente por eles,
a reza geral penetra o mármore e a madeira,
embalsama-lhes os ossos dissolvidos,
o pó restante, ou nem isso: o lugar
apenas, debaixo do nome.

São privilégios diante do Senhor.
Não é qualquer família que o consegue.
As luzes, o incenso, a melopéia gregoriana
confortam lá embaixo uma ausência importante de corpo.

## O FILHO

De quem, de quem o filho
de Sofia?

Do relojoeiro?
Do dentista?
Do primo Augusto?
Do promotor?
Do telegrafista?
Do cabo-comandante
do destacamento?
De um dos praças?
Do padre apóstata?

Quem é o pai, quem é o pai
noturnamente encapuzado
(sequer tem rosto)
do filho anônimo de Sofia?

Nenhum deles visto rondando
de Sofia o muro solteiro,
nenhum abrindo de madrugada
a cancela rouca de Sofia.
O pai quem é?

Sofia semilouca de raça ilustre
vai contar quem dormiu
em seu quarto seco de solteirona

e secamente lhe fez o filho?
Vai inventar talvez um pai
que jamais a tenha tocado?

Já se apavoram os homens bons
com a denúncia?
Ninguém confessa ter conhecido
Sofia em fogo ou violentada,
Sofia pura,
Sofia aberta
ao prazer esperado amargamente?

Ou dormiram todos com Sofia
(o que é mesmo que não dormir),
ninguém tem culpa,
ninguém é o pai?

Pai do menino é a cidade?
A loucura é pai do menino?
O menino nasceu do absurdo
propósito de nascer-se, escolheu
o ventre de Sofia como se escolhesse
vaso sem semente, apenas terra?

Sofia não responde. Ri baixinho,
acaricia o pinto do menino.

## A NOVA PRIMAVERA

As tias viúvas vestem pesadas armaduras
de morte e gorgorão. Desde o pescoço
à inviolada ponta dos borzeguins, elas proclamam
rompimento com o século. E nada mais existe
senão a noite dos maridos estampada
em cada gesto da soberba solidão.

Assim as queremos para sempre novamente
virgens, reintegradas na pureza original.
Ai de quem boqueje: As tias são mulheres
sujeitas à lei terrestre do desejo,
e em noites brancas lutam corpo a corpo com duendes.

Uma tia, porém, olvida o mandamento
e casa-se outra vez. O raio na família.
Ela é toda jardim, é pura amendoeira
na alegre doação de outra virgindade.

A família decide: essa tia morreu.

## AQUELE RAIO

Aquele raio
não era para cair no túmulo orgulhoso
do grão senhor de terras e da tribo.
Devia ser talvez endereçado
à campa de algum pobre pecador
sem glória de família.
Escolher logo esta, romper-lhe a inscrição
de prantos esculpidos com tamanho capricho,
e criar, irrisão, essa frase confusa
em que fama e fazenda já não brilham, estelares,
é castigo, talvez de culpas não sabidas,
sepultadas mais que os ossos venerandos.
Sepultadas lá onde o sangue se forma,
onde a prima semente esboçou um caráter,
uma forma de rosto, um vinco de soberba
que rói esta linhagem e agora se dissolve
em rachaduras cruéis de pedra esborcinada.

# O MENINO E OS GRANDES

## ETIQUETA

Carlos Correia
Carlos Conceição

Carlos Laje
Carlos Alvarenga

Carlos Freitas
Carlos Ataíde

Carlos Henriques
Carlos Silveira

Carlos Carvalho
Carlos Meneses

Carlos Godói
Carlos Guimarães

Carlos Teixeira
Carlos Moreira

Carlos Paula
Carlos Monteiro

Carlos Chassim
Carlos Drummond

Carlos    Andrade
Carlos    apenas

Carlos    demais

## BRASÃO

Duas serpentes enlaçadas
no timbre espanhol de Andrade
em vermelho e ouro decretam
a guerra dentro de teu corpo
sem vitória de qualquer lado.
Ao ataque de duas línguas
bífidas, todo te contrais
e na dupla, ardente picada,
a alegria te invade ao veres
sobre a pele de teu destino
que uma pulseira inquebrantável
surge do abraço viperino.

## SIGNO

Fugias do escorpião
lá no quarto-de-guardados
como quem foge do Cão
sem perceber que o trazias
desde o primeiro vagido
oculto em teu coração,
e por onde quer que fosses,
julgando que te guiavas,
era dele a direção,
e tudo que amas, iluso
de uma ilusória opção,
é ele que te sugere,
te comanda, sorrateiro,
com seu veneno e ferrão,
de tal sorte que, mordido,
e mordente, na aflição,
de nada valeu, confessa,
fugires de escorpião.

## DIDÁTICA

Cafas-leão é terrível. Come um boi
no almoço, uma boiada no jantar.
Seu arroto fulmina; sua bota
esmaga distraídos no caminho.
                    Ai de quem
bole com ele e quem não bole.
Cafas, o mais-que-tudo, o gigantão...
Meu pai conta-lhe os feitos e estremeço
                              e rio.
Meu pai me ensina o medo e a rir do medo.

## TABULEIRO

Passa o tabuleiro de quitanda:
é pão-de-queijo é rosca é brevidade
é broa de fubá é bolo de feijão
é tudo que é gostoso e eu vou comprar
eu vou comer o dia inteiro a vida inteira
o sortimento deste tabuleiro.

Vem chegando perto. Alva toalha
cobre essas coisas todas que apetecem,
renda e bordado sobre a minha gula.
E como cheira a forno quente a branda
variedade de quitanda oculta!
Corro, suspendo o véu. Horror. Que dor.

Que vejo? Nada vejo. Fico
a olhar para o vazio descoberto.
Já sei. Antes de mim, Nhonhô Bilico
arrematou as amplas coleções
e vai comer o dia inteiro, a vida inteira
o sortimento deste tabuleiro.

## TORTURA

Carretel não entra
em rabo de gato?
Não importa: este
há de entrar, exato.
Que anel mais estranho,
ornato insensato,
se tinge de sangue
no rabo do gato.

Unha, presa, fúria,
felino aparato,
nada pode contra
a mão e seu ato.

Foge o bicho, tonto?
Carretel, no mato,
nunca mais que sai
de rabo de gato.

Não, não foge: esconde-se
na cova do rato.
Outra mão, piedosa,
cure, salve o gato,
que esta sabe apenas
torturar exato.

## INIMIGO

Vou brigar contigo.
Vou apanhar e vou sangrar
mas vou brigar.
Tenho de lutar contigo, tenho
de gritar bem alto nomes feios
que sobem à garganta.
Eles crescerão no ar da rua,
subirão às sacadas dos sobrados
e todos ouvirão.
Fui eu quem disse. O magricela. O triste.

Tenho de brigar,
rolar no chão contigo, intimamente
abraçados na raiva. Tenho de
a pontapé ferir o teu escroto.
Pouco importa me batas pelo dobro.
Pouco importa me arrases. Meu irmão
não chamo a socorrer-me. Quero ser
o perdedor que ganha de seu medo.

## QUEDA

Cair de cavalo manso:
coisa que só acontece
uma vez em cada século.

Por que, no século 20,
logo a este acontecer?
          naquela rua?

Que sombração no dia claro
espaventa esse cavalo?
Que diabo invisível faz cócega
em suas ventas no vento?

Ferraduras faíscam forjas
no galope desenfreado
e pelas portas das vendas
corre um oh de susto gozado.

De repente estaca o baio
em frente à casa costumeira,
atirando à calçada vil
o bagaço de cavaleiro.

Num relâmpago
Hermengarda, de heril semblante,
assoma ao rendilhado balcão
e contempla
— mau uso de belos olhos —
minha total humilhação.

## TERRORES

Na rua do Matadouro
e no Beco do Calvário
a nuvem de mau agouro
e o clarão extraordinário
vão gritando o fim do mundo
mal a vida começara
e o corpo, esse trem imundo
que em pecado se atolara,
não tem tempo de lavar-se
para o Dia do Juízo
nem de vestir o disfarce
que cause dó sob riso.
Nas lajes de ferro e medo
os pés correm desvairados
sentindo chegar tão cedo
a morte em seus véus queimados.
Fuge, fuge, itabirano,
que embora o raio te pegue
na porta de Emerenciano,
o Diabo não te carregue
antes que vejas teu pai
e lhe passes num olhar
o que da boca não sai
mas se conta sem falar.
            A procissão corta
o passo.
São vultos encapuzados
são fantasmas alinhados

pesadelos esticados
fantoches tochas fachos
almas uivando
todos os antepassados
sem missa
presos
da cadeia em ruínas
soltos em bando
o assassino do Carmo
e sua faca-relâmpago
enorme, sobre a igreja,
os anjinhos que vão sendo carregados
tão depressa que é um apostar corrida
de caixões brancos no escuro
da Rua do Matadouro
rumo ao Beco do Calvário
onde te espera o carrasco
e o Capeta com seu casco
de fogo ao pé do carrasco.

## FRUTA-FURTO

Atrás do grupo-escolar ficam as jabuticabeiras.
Estudar, a gente estuda. Mas depois,
ei pessoal: furtar jabuticaba.

Jabuticaba chupa-se no pé.
O furto exaure-se no ato de furtar.
Consciência mais leve do que asa
ao descer,
volto de mãos vazias para casa.

## O DIABO NA ESCADA

Chego tarde, o lampião de querosene está de pavio apagado.
Subir direto à cozinha e embalar no colo da preta velha a cons-
[ciência pesada.
Travando o caminho em breu, a coisa imóvel na escada.
É ela! pressinto. Veio esperar-me no degrau do meio, cúmplice e
[camarada.
Acaricio-lhe o pescoço, que tilinta de medalhas bentas, e o som
[familiar soa diverso, abafado.
Sá Maria! chamo baixinho, como no escuro se chama. Dá um
[jeito deu não ser castigado.
Não secunda. Apalpo as carnes murchas, doces, de uma doçura
[cansada.
Se está ali por minha causa, por que não me liga nem nada?
Sacudo, sacudo em vão. Uma notícia me corta, de muito longe
[soprada.
*É o Diabo postado em pé no negrume da escada.*
Ele, nenhum outro sabe tão bem se disfarçar para ferir a alma
[enganada.
Subo correndo os degraus que sobem em mim que me preci-
[pito na copa: água! água! secura desesperada.
A talha fria me acode, já posso ir à cozinha, onde, imperial-
[mente sentada,
Sá Maria cachimbando desde a eternidade me espera. — Que
[Diabo mais parecido contigo
[acabei de encontrar na escada!
Ela cospe no borralho — Cruiz, credo — e na fumaça do ca-
[chimbo a do Diabo vai sumindo.

## O CAVALEIRO

À meia-noite, como de costume,
passa o Cavaleiro
todo de ferro e horror. Passa ou não passa?
Duvido. (E tenho medo.)
Hoje não durmo. Hei de escutar
o som das ferraduras na gelada
Rua Municipal,
o estalar do chicote na garupa
do cavalo-fantasma.
Escuto, protegido
em cobertor de casa-fortaleza
de família importante. Passa, passa,
anda, passa, Cavaleiro, estás com medo
do medo meu, quem sabe, da garrucha
do Coronel?

O Cavaleiro anda atrasado.
Vai esperar o sono me vencer
para aparecer dentro do sono?
Chego à janela. A branca
escuridão (o frio é branco)
não filtra nem um grilo de ruído.
Massa de cidade e serra: breu silente.
Boca seca, trêmulo,
não vejo o Cavaleiro, estou ouvindo
em mim o Cavaleiro, em mim é que ele passa,
sempre passou e passa sempre e não acaba
de passar. É isso. vou dormir.
Dou descanso ao cavalo e ao Cavaleiro.

## COMETA

Olho o cometa
com deslumbrado horror de sua cauda
que vai bater na Terra e o mundo explode.
Não estou preparado. Quem está,
para morrer? O céu é dia,
um dia mais bonito do que o dia.
O sentimento crava unhas
em mim: não tive tempo
nem mesmo de pecar, ou pequei bem?
Como irei para Deus sem boas obras,
e que são boas obras? O cometa
chicoteia de luz a minha vida
e tudo que não fiz brilha em diadema
e tudo é lindo.
Ninguém chora
nem grita.
A luz total
de nossas mortes faz um espetáculo.

## O SOM ESTRANHO

O gramofone Biju, com 10 discos artísticos
em que não posso tocar
é música/palavra para espanto global.

Pedras falam, eu sei; converso imagens
de barro e de madeira;
troco sinais com árvores; bichos
trazem para mim notícias do mato-fundo.
É tudo fala, na voz certa
de cada coisa, lugar e vez. Mas quem já viu
máquina falar? e assim tão alto e nervos?

Gigante flor sonora, invenção
do Diabo, talvez; mas o Diabo
tem outras falas, noturnas, ciciadas, que eu distingo.

Não te decifro, gramofone,
proibido à ciência de minhas mãos.
Este mundo (pressinto)
vai se tornar terrivelmente complicado.

## DESCOBERTA

Cadete grava para a Casa Édison, Rio de Janeiro.
O reizinho de Portugal retira-se para a Inglaterra.
O cometa já não viaja para Oliveira Vale & Cia.,
agora ocupa o céu inteiro na noite de 19 de março.
O Ministro da Guerra vira Presidente,
vasos de guerra bombardeiam a Capital,
marinheiros degolam almirantes,
o mundo vai acabar
mas eu sigo a pé para a aula de Mestre Zeca e descubro a letra A,
[rainha das letras.

## PRIMEIRO CONTO

O menino ambicioso
não de poder ou glória
mas de soltar a coisa
oculta no seu peito
escreve no caderno
e vagamente conta
à maneira de sonho
sem sentido nem forma
aquilo que não sabe.

Ficou na folha a mancha
do tinteiro entornado,
mas tão esmaecida
que nem mancha o papel.
Quem decifra por baixo
a letra do menino,
agora que o homem sabe
dizer o que não mais
se oculta no seu peito?

## PRIMEIRO JORNAL

Amarílio redige e ilustra com capricho
o jornal manuscrito: é conto, é poema, é cor,
que ele tira de onde? Incessante criador,
de si mesmo é que extrai esse mundo de coisas.
Nutro por Amarílio invejoso respeito.
Por mais que me coloque em transe literário
e force a mão e atice a chama de meu peito,
não consigo imitá-lo. Em lugar de escritor,
na confusão da idéia e do vocabulário,
sou apenas constante e humilhado leitor.

## INICIAÇÃO LITERÁRIA

Leituras! Leituras!
Como quem diz: Navios... Sair pelo mundo
voando na capa vermelha de Júlio Verne.

Mas por que me deram para livro escolar
a *Cultura dos Campos* de Assis Brasil?
O mundo é só fosfatos — lotes de 25 hectares
— soja — fumo — alfafa — batata-doce — mandioca —
pastos de cria — pastos de engorda.

Se algum dia eu for rei, baixarei um decreto
condenando este Assis a ler a sua obra.

## FIM

Por que dar fim a histórias?
Quando Robinson Crusoé deixou a ilha,
que tristeza para o leitor do *Tico-Tico*.

Era sublime viver para sempre com ele e com Sexta-Feira,
na exemplar, na florida solidão,
sem nenhum dos dois saber que eu estava aqui.

Largaram-me entre marinheiros-colonos,
sozinho na ilha povoada,
mais sozinho que Robinson, com lágrimas
desbotando a cor das gravuras do *Tico-Tico*.

## ASSINANTES

Somos os leitores do *Tico-Tico.*
Somos importantes, eu e Luís Camilo.
Cada um em sua rua.
Cada um com sua revista.
O que um sabe, o outro sabe.
Ninguém sabe mais do que sabemos.
É nossa propriedade Zé Macaco.
Jagunço vai latindo a nosso lado
e Kaximbown nos leva
convidados especiais ao Pólo Norte.
Nossa importância dura até dezembro.
Temos assinaturas anuais.

## REPETIÇÃO

Volto a subir a Rua de Santana.
De novo peço a Ninita Castilho
a *Careta* com versos de Bilac.
É toda musgo a tarde itabirana.

Passando pela Ponte, Luís Camilo
(o velho) vejo em seu laboratório-
oficina, de mágico sardônico.
Na Penha, o ribeirão fala tranqüilo

que Joana lava roupa desde o Império
e não se alforriou desse regime
por mais que o anil alveje a nossa vida.

Ô de casa!... Que casa! Que menino?
Quando foi, se é que foi — era submersa
que me torna, de velho, pequenino?

## BIBLIOTECA VERDE

Papai, me compra a Biblioteca Internacional de Obras Célebres.
São só 24 volumes encadernados
em percalina verde.
Meu filho, é livro demais para uma criança.
Compra assim mesmo, pai, eu cresço logo.
Quando crescer eu compro. Agora não.
Papai, me compra agora. É em percalina verde,
só 24 volumes. Compra, compra, compra.
Fica quieto, menino, eu vou comprar.

Rio de Janeiro? Aqui é o Coronel.
Me mande urgente sua Biblioteca
bem acondicionada, não quero defeito.
Se vier com arranhão recuso, já sabe:
quero devolução de meu dinheiro.
Está bem, Coronel, ordens são ordens.
Segue a Biblioteca pelo trem-de-ferro,
fino caixote de alumínio e pinho.
Termina o ramal, o burro de carga
vai levando tamanho universo.

Chega cheirando a papel novo, mata
de pinheiros toda verde. Sou
o mais rico menino destas redondezas.
(Orgulho, não; inveja de mim mesmo.)
Ninguém mais aqui possui a coleção

das Obras Célebres. Tenho de ler tudo.
Antes de ler, que bom passar a mão
no som da percalina, esse cristal
de fluida transparência: verde, verde.
Amanhã começo a ler. Agora não.

Agora quero ver figuras. Todas.
Templo de Tebas. Osíris, Medusa,
Apolo nu, Vênus nua... Nossa
Senhora, tem disso nos livros?
Depressa, as letras. Careço ler tudo.
A mãe se queixa: Não dorme este menino.
O irmão reclama: Apaga a luz, cretino!
Espermacete cai na cama, queima
a perna, o sono. Olha que eu tomo e rasgo
essa Biblioteca antes que pegue fogo
na casa. Vai dormir, menino, antes que eu perca
a paciência e te dê uma sova. Dorme,
filhinho meu, tão doido, tão fraquinho.

Mas leio, leio. Em filosofias
tropeço e caio, cavalgo de novo
meu verde livro, em cavalarias
me perco, medievo; em contos, poemas
me vejo viver. Como te devoro,
verde pastagem. Ou antes carruagem
de fugir de mim e me trazer de volta
à casa a qualquer hora num fechar
de páginas?

Tudo que sei é ela que me ensina.
O que saberei, o que não saberei
nunca,
está na Biblioteca em verde murmúrio
de flauta-percalina eternamente.

## PRAZER FILATÉLICO

Colecione selos e viaje neles
por Luxemburgos, Índias, Quênia-Ugandas.
Com Pedr'Álvares Cabral e Wandenkolk,
aprenda História do Brasil. Colecione.
Mas sem dinheiro?
Devaste os envelopes da família.
Remexa nas gavetas. Há barbosas
efígies imperiais à sua espera.
Mortiças cartas guardam peças raras.
Tudo vasculhe. Um dia
arregalado à sua frente há de luzir
em arabescado fundo negro
o diamante, o sonho, a maravilha
chamada olho-de-boi
60.

Troque. Vá trocando. Passe a perna,
se possível. Senão, seja enganado
mas acrescente sua coleção
de postas magiares, moçambiques,
osterreiches, japões, e seu prestígio
há de aumentar: o baita
colecionador da rua principal.
E brigue, boca e braço,
ao lhe negarem esta condição.

Até que chegue o tédio de possuir,
a tentação do fósforo e do vento,
o gosto de perder a coleção
para outra vez, daqui a um mês,
recomeçar, humílimo, menor
colecionador da rua principal.

## AUSÊNCIA

Subir ao Pico do Amor
e lá em cima
sentir presença de amor.

No Pico do Amor amor não está.
Reina serenidade de nuvens
sussurrando ao coração: Que importa?

Lá embaixo, talvez, amor está,
em lagoa decerto, em grota funda.
Ou? mais encoberto ainda, onde se refugiam
coisas que não são, e tremem de vir a ser.

## PASSEIAM AS BELAS

Passeiam as belas, à tarde, na Avenida
que não é avenida, é longo caminho branco
onde os vestidos cor-de-rosa vão deixando,
não, não deixam sombra alguma, em mim é que eles deixam.

Passeiam, à tarde, as belas na Avenida.
São tão belas como as vejo, ou mais ainda?
Só de passar, só de lembrar que passam, a beleza
nelas se crava eternamente, adaga de ouro.

Passeiam na Avenida, à tarde, as belas,
as sempre belas no futuro mais remoto.
Pisam com sola fina e saltos altos
de seus sapatos de cetim o tempo e o sonho.

À tarde, na Avenida, passeiam as belas,
seios cuidadosamente ocultos mas arfantes,
pernas recatadas, mas sabe Deus as linhas perturbadoras
que criam ritmos, e o caminho branco é todo ritmo.

Na Avenida, passeiam as belas, à tarde,
no alto da cidade que entre árvores se apresta
para o sono das oito da noite e não sabe que as belas
deixam insone, a noite inteira, uma criança deslumbrada.

## CERTAS PALAVRAS

Certas palavras não podem ser ditas
em qualquer lugar e hora qualquer.
Estritamente reservadas
para companheiros de confiança,
devem ser sacralmente pronunciadas
em tom muito especial
lá onde a polícia dos adultos
não adivinha nem alcança.

Entretanto são palavras simples:
definem
partes do corpo, movimentos, atos
do viver que só os grandes se permitem
e a nós é defendido por sentença
dos séculos.

E tudo é proibido. Então, falamos.

## INDAGAÇÃO

Como é o corpo?
Como é o corpo da mulher?
Onde começa: aqui no chão
ou na cabeleira, e vem descendo?
Como é a perna subindo, e vai subindo
até onde?
Vê-la num corisco é uma dor
no peito, a terra treme.
Diz-que na mulher tem partes lindas
e nunca se revelam. Maciezas
redondas. Como fazem
nuas, na bacia, se lavando,
para não se verem nuas nuas nuas?
Por que dentro do vestido muitos outros
vestidos e brancuras e engomados,
até onde? Quando é que já sem roupa
é ela mesma, só mulher?
E como que faz
quando que faz
se é que faz
o que fazemos todos porcamente?

## AS PERNAS

Bato palmas. Na esperança
de ver as pernas no alto
da escada
as pernas sempre defesas
as sempre sonhadas pernas
as pernas, aparição
no sombrio alto da escada.

Torno a bater. Pá pá pá.
As mãos estalam, desejo
e turva oração: Meu Deus,
as pernas por que me dano!

Ressoam pela cidade
as palmas no corredor.
Nos quatro cantos já sabem
de minha ardência.
Já me condenam, me prendem
e nunca verei as pernas
sublimes no alto da escada.

Mas bato. Bato rebato.
Latindo mais do que as palmas
o cão no degrau primeiro
destroça minha ambição.
Volto amanhã. Bato tanto
que o velho atende. Resmunga

pigarro surdo confuso.
Torno a voltar. A bater.
O longo vestido longo
da velhíssima senhora
frufrulha no alto da escada.

Pá pá pá em quantos dias
de tantas doidas esperas.
Um dia
as palmas farão surgir
no celeste alto da escada
as pernas totais, as pernas
que a mente no descompasso
do coração nem ousara
tão lunas imaginar.

Um dia, mas quando? As palmas
batebatendo se esgarçam
em Minas.

## LE VOYEUR

No úmido porão, terra batida,
lar de escorpiões,
procura-se a greta entre as tábuas
do soalho
por onde se surpreenda a florescência
do corpo das mulheres
na sombra de vestidos refolhados
que cobrem até os pés
a escultura cifrada.

Entro rastejante
dobro o corpo em dois
à procura da greta reveladora
de não sei que mistério radioso
ou sombrio
só a homens ofertado
em sigilo de quarto e noite alta.

Encontro, mina de ouro?
Contenho a respiração.
Dispara o coração
no fim de longa espera
ao rumor de saias lá em cima
ai de mim, que nunca se devassam
por mais que o desejo aguce a vista
e o sangue implore uma visão
de céu e terra encavalados.

Nada
nada
nada
senão a sola negra dos sapatos
tapando a greta do soalho.

Saio rastejante
olhos tortos
pescoço dolorido.
A triste polução foi adiada.

## A PUTA

Quero conhecer a puta.
A puta da cidade. A única.
A fornecedora.
Na Rua de Baixo
onde é proibido passar.

Onde o ar é vidro ardendo
e labaredas torram a língua
de quem disser: Eu quero
a puta
quero a puta quero a puta.

Ela arreganha dentes largos
de longe. Na mata do cabelo
se abre toda, chupante
boca de mina amanteigada
quente. A puta quente.

É preciso crescer
esta noite a noite inteira sem parar
de crescer e querer
a puta que não sabe
o gosto do desejo do menino
o gosto menino
que nem o menino
sabe, e quer saber, querendo a puta.

## TENTATIVA

Uma negrinha não apetecível
é tudo quanto tenho a meu alcance
para provar o primeiro gosto
da primeira mulher.

Uma negrinha, sem cama
salvo a escassa grama
do quintal, sem fogo
além do que vai queimando
por dentro o menino inexperiente
de todo jogo.

Ai medo de não saber
o que fazer na hora de fazer.

Me ajude, primo igual a mim.
Seremos dois a navegar
o crespo rio subterrâneo.

No chão, à luz da tarde, a tentativa
de um, de outro, em vão, no chão
sobre a fria negrinha indiferente.

Em meio à indiferença dos repolhos,
das formigas que seguem seu trabalho,
eis que a montanha
de longe nos reprova, toda ferro.

## CONFISSÃO

Na pequena cidade
não conta seu pecado.
É terrível demais para contar
nem merece perdão.
Conta as faltas simples
e guarda seu segredo de seu mundo.

A eterna penitência:
três padres-nossos, três ave-marias.
Não diz o padre, é como se dissesse:
— Peque o simples, menino, e vá com Deus.

O pecado graúdo
acrescido do outro de omiti-lo
aflora noite alta
em avenidas úmidas de lágrimas,
escorpião mordendo a alma
na pequena cidade.

Cansado de estar preso
um dia se desprende no colégio
e se confessa, hediondo.
— Mas você tem certeza de que fez
o que pensa que fez, ou sonha apenas?
Há pecados maiores do que nós.
Em vão tentamos cometê-los, ainda é cedo.

Vá em paz com seus pecados simples,
reze três padres-nossos, três ave-marias.

## A IMPOSSÍVEL COMUNHÃO

Hóstia na boca
Deus na boca
céu no céu
da boca
não machucar
não triturar
não bobear
não pensar coisas
de satanás
deixar que desça
deslize intato
pelo canal
pelo sinal
de salvação
de teus pecados
tão variados
tão revoltados
que não permitem
sorver em paz
a quinta-essência
do corpo ázimo
da carne branca
da alma redonda
do Deus de trigo
que tens na boca
e fere e arde
em ferro e brasa

torna mais viva
tua sujeira
de criminoso
sem nenhum crime.
Hóstia de fogo
boca de inferno
na in
na ex
comunhão.
Ai Deus, que duro
usando o corpo
salvar a alma.

## ASPIRAÇÃO

A folha de malva no livro de reza
perfuma o pensamento de Deus.
O céu cheirando a malva: santamente.
A vida deve ter, a vida pura,
esse cheiro de malva, e meus pecados
até os meus pecados
em malva se dissolvam, perfumosos.

O próprio inferno, por que não? com esse cheiro...
E a malva, que me salva, me condena.

## ANJO

Há um momento em que viro anjo.
O par de asas e a túnica branca
operam a metamorfose.
Ser filho do Coronel é garantia
de uma perfeita aeroindumentária.
Sou anjo e desfilo ao longo do tempo
sem imperativo de voar.
Sigo entre anjos e virgens alvas, compenetrado
de minha celeste condição.
Apenas esta tarde. O anjo é breve
e não fala, não conta de onde veio.
Vai lento, musical.
Esta manhã não era anjo: só eu mesmo,
o desatinado, o tonto. Resplandeço
nas ruas principais. O calçamento
ignora a planta leve de meus pés
e machuca.
Entre sinos, a volta
já desbotando o sol, as asas
pesando na fadiga de ser anjo.
E na porta de Deus a recompensa:
o cartucho de amêndoas.

## O PADRE PASSA NA RUA

Beijo a mão do padre
a mão de Deus
a mão do céu
beijo a mão do medo
de ir para o inferno
o perdão
de meus pecados passados e futuros
a garantia de salvação
quando o padre passa na rua
e meu destino passa com ele
negro
sinistro
irretratável
se eu não beijar a sua mão.

## BRIGA

Brigar é simples:
Chame-se covarde ao contendor.
Ele olhe nos olhos e:
— Repete.
Repita-se: — Covarde.
Então ele recite, resoluto:
— Puta que pariu.
— A sua, fio da puta.

Cessem as palavras. Bofetão.
Articulem-se os dois no braço a braço.
Soco de lá soco de cá
pontapé calço rasteira
unha, dente, sérios, aplicados
na honra de lutar:
um corpo só de dois que se embolaram.

Dure o tempo que durar
e resistência de um.
Não desdoura apanhar, mas que se cumpra
a lei da briga, simples.

## QUINTA-FEIRA

Quinta-feira é dia
de rara folia.
Não tem aula, quinta,
não tem quadro-negro
tão deveras negro
com suas frações
endemoninhadas,
não tem fila, banco
de calar e ouvir.
Quinta-feira é bom,
é céu quinta-feira.
Só tem um defeito:
quinta-feira cedo
estender os dedos
para cortar unha,
corte de alicate
seco, navalhante.
Quê que tem a unha
crescer toda a vida?
Unha ficar preta
de tanto mexer
em terra e poeira?
Por que minha unha
tem de ser vigiada
e cada semana
passada em revista?
Assim eu crescesse

tão depressa como
a unha aparada:
semana que vem,
chega quinta-feira,
eu é que cortava
a unha dos outros
a fero alicate.
Corto mal, espirra
sangue? Pois espirre
no estalar da poda.
Ruindade dos outros
vira contra eles.
No mais, quinta-feira
é uma lagoa
de escutar sereia,
é uma cascata
de prender o sol,
é o mato virgem
de enfrentar leões
e de cativá-los.
Quinta-feira, viagem
ao país sem leis
de menino livre,
esperando sempre
uma quinta-feira
a chegar um dia.
Quinta-feira é dia
só de imaginar
essa quinta-feira.

## RITO DOS SÁBADOS

Sábado é dia de conciliação.

O pobre bate à porta, é recebido
como o esperado da semana;
mendigo, não.

Vem recolher a moeda,
sua parte devida e reservada.
A parte do pobre é pobre
mas é sagrada.

Não há mendigos na cidade,
mãos estendidas pelas ruas,
famintos ares.
Há pobres fixos de cada rico,
visitas domiciliares.

Escalado para atendê-los,
miro remiro
esses trocados sobre a mesa.
Bem que me serviriam
para comprar sonhos urgentes
de sensual necessidade.
Mas se furto dinheiro ao pobre,
ao castigo imposto a meu corpo
junta-se
confuso castigo dentro.

Chegam os pobres um a um
com solitária nobreza
no tranqüilo gesto dos sábados
que toma a forma de um direito
aureolado de altivez.

Um a um lhes vou passando
a minipercentagem da pobreza.

Sou o pobre distribuidor.

## GESTO E PALAVRA

Tomar banho, pentear-se
calçar botina apertada
ir à missa, que preguiça.

A manhã imensa escurecendo
no banco de igreja
duro ajoelhar
imunda reflexão dos mesmos pecados
de sempre.

Manhã que prometia caramujos
músicos
mágicos
maduros sabores
de tato, barco de leituras
secretas sereias...
                                        apodrecida.
Não vai? Pois não vai à missa?
Ele precisa é de couro.

Ó Coronel, vem bater,
vem ensinar a viver
a exata forma de vida.

No rosto não!
Ah, no rosto não!

Que mão se ergue em defesa
da sagrada parte do ser?
Vai reagir, tem coragem
de atacar o pátrio poder?

Nunca se viu coisa igual
no mundo, na Rua Municipal.

— Parricida! Parricida!
alguém exclama entre os dois.
Abaixa-se a mão erguida
e fica o nome no ar.

Por que se inventam palavras
que furam como punhal?
Parricida! Parricida!
Com essa te vais matar
por todo o resto da vida.

## MARINHEIRO

A roupa de marinheiro
          sem navio.
Roupa de fazer visita
sem direito de falar.
Roupa-missa de domingo,
convém não amarrotar.
Roupa que impede brinquedo
e não se pode sujar.
Marinheiro mas sem leme,
se ele nunca viu o mar
          salvo em livro,
e vai navegando em seco
por essa via rochosa
com desejo de encontrar
quem inventou merda moda
de costurar esta âncora
          no braço
e pendurar esta fita
          no gorro.
Ah, se o pudesse pegar!

## 1914

Desta guerra mundial
não se ouve uma explosão
sequer nem mesmo o grito
do soldado partido
em dois no campo raso.
Nenhum tanque perdido
ou avião de caça
rente ao Poço da Penha
por um momento passa.
Vem tudo no jornal
ilustrado longínquo.
O mundo finaliza
na divisa do Carmo
        ao Norte
ao Sul em Santa Bárbara.
Reparo: o que habitamos
território encravado
não é o mundo, é o branco.
Um branco povoado
como se mundo fosse.
Bem cedo se vestiu
Sinhá Americano
e chega de mantilha
à missa de 6 horas.
Nhonhô Bilico serve
água e alpiste aos canários.
Já desce Minervino

ao cartório. Amarílio
deixa de lado o Morse
e burila sonetos.
Resmunga Romãozinho
a limpar as vidraças
gaguejado vissungo.
Abre Quinca Custódio
sua coletoria.
Ouço zumbir a mosca
imóvel esmeralda
sobre o pé de camélia.
Ouço portas rangerem
como rangem as portas
sem medo de invasão.
Pacapá-pacapá
o cavaleiro célere
regressa a Pau de Angu
levando na garupa
duas sacas de sal
quatro maços de fósforos.
A vida é sempre igual
a si mesma a si sempre
mesmo quando o correio
traz na mala amarela
esse enxofre de guerra
estranha guerra estranha
que não muda o lugar
de uma besta de carga
dormindo entre cem bestas
no Rancho do Monteiro;

que não altera o gosto
da água pedida à fonte
para dormir na talha
uma espera de sede;
que não suspende a aula
de misteriaritmética
e nem a procissão
em seu eterno giro
na rua principal
tão lerdo a ponto de
tornar abominável
a própria eternidade.
Entretanto essa guerra
invisível assética
assalta pelas fotos
e títulos vermelhos.
No escuro me desvenda
seu maligno diadema
de fogos invectivas
e cava uma trincheira
à beira de meu catre.
    Provoca-me
suspende-me em silêncio
por sobre a Mantiqueira
e diz-me dura: "Olha.
Olha longe e decide."
Serei fraco iletrado
pálido mineirinho
o juiz da contenda?
Tenho numa balança

de sopesar os ódios
e de optar por um deles?
O nulo entendimento
cede à vertiginosa
tentação de escolher.
Escolhendo me isolo,
um somente a sentir
no oco paroquial
o peso desta guerra
universal e minha.
Um só? Engano. Somos
dois terríveis arcanjos
a passear a chama
de nossas durindanas.
O moço postalista
Fernandinho irradia
o seu furor teutônico
ao meu entrelaçado.
Um varão, um menino
unidos pela causa
mas que causa? em que campo?
a causa de Hohenzollern
na agência do correio
ou o combate ideal
entre mim mesmo e o mal?
E derrota e vitória
Flandres Verdun Champagne
enervante compasso
de espera se articula
no sem fim dessa guerra.

De tanto esperar tanto,
navios brasileiros
        afundam
sob o tiro solerte
de nossos submarinos.
Estremece a consciência
cortada de remorsos.
Isso não, Fernandinho.
Já não posso mais ser
o exato germanófilo.
Fernandinho me encara
com silente desprezo
enquanto adiro ao velho
sentimento da pátria.
Pátria, morrer por ti
ou pelo menos te
ofertar este ramo
de palavras ardentes.
Vou à rua, peroro
com voz de calça curta
ordeno ao município
que marche resoluto
a combater os boches.
A meus olhos esfuma-se
o imaginário limite
do bem e da justiça
que a palavra traçara
e paixão e interesse
entre cercas de arame
farpado se entrecruzam

tecendo o labirinto
sinistro a percorrer
na incerteza da história.
Nunca mais reaprendo
o que é a verdade.

## MATAR

Aprendo muito cedo
a arte de matar.
A formiga se presta
a meu aprendizado.
Tão simples, triturá-la
no trêmulo caminho.
Agora duas. Três.
Milhares de formigas
morrendo, ressuscitam
para morrer de novo
no ofício a ser cumprido.
Intercepto o carreiro,
esmago o formigueiro,
instauro, deus, o pânico,
e sem fervor agrícola,
sem divertir-me, seco,
exercito o poder
de sumário extermínio,
até que a ferroada
na perna me revolta
contra o iníquo protesto
da que não quis morrer
ou cobra sua morte
ferindo a divindade.
A dor insuportável
faz-me esquecer o rito
da vingança devida

já nem me acode o invento
de supermortes para
imolar ao infinito
imoladas formigas.
Qual outra pena, máxima,
poderia infligir-lhes,
se eu mesmo peno e pulo
nesse queimar danado?
Um deus infante chora
sua impotência. Chora
a traição da formiga
à sorte das formigas
traçada pelos deuses.

## ESTAMPA EM JUNHO

Agora em junho a gente não se enxerga
nítido, no espelho embaciado.
A manhãzinha são nevoeiros
móveis, flocos aspirando
a se tornarem cabrito, padeiro, bicicleta
a um metro de distância.
A fala, brancura de ar. Nem montanha
nem casas em redor.
O tempo suprimiu os estatutos
da vida real. A liberdade
de meus passos faz-se bruma, eu próprio
sou alvo fantasminha divertido.

Experiência de não ser. Mas sendo para ver.

## MEMÓRIA PRÉVIA

O menino pensativo
junto à água da Penha
mira o futuro
em que se refletirá na água da Penha
este instante imaturo.

Seu olhar parado é pleno
de coisas que passam
antes de passar
e ressuscitam
no tempo duplo
da exumação.

O que ele vê
vai existir na medida
em que nada existe de tocável
e por isto se chama
absoluto.

Viver é saudade
prévia.

## NOTURNO

Abença papai, abença mamãe.
Deus te abençoe. Não vá se esquecer
de arear os dentes e lavar os pés
antes de deitar.
Sim senhora. E não vá dormir
sem rezar um padre-nosso, três ave-marias,
uma salve-rainha.
Rezo. Não vá se esquecer
de apagar a luz antes de dormir.
Fogo pegou
no quarto de Juquinha de Sá Mira
porque ele dormiu de vela acesa. Apago.
Dorme bem, meu filho. Não fique pensando
bobagens no escuro. O mais é com Deus.
Mas fico.

Abença papai, abença mamãe.
Já te dei abença. Vai dormir. Não tenho
sono bastante para cochilar.
Espera quietinho que o resto vem.
Vou contar estrela. Não. Conto passarinho
que já tive ou tenho ou terei um dia.
Conto, reconto
vistas de cigarros, minha coleção
é fraca. Nomes de países. 27 só.
Ai, essa geografia.

Nomes de meninas. Todas são Lurdes,
Carmos, Rosários, faço confusão.

Abença papai. Vai dormir, já chega.
Estou sem sono. Pois dorme assim mesmo.
Como que posso, se não posso. Então
cale essa boca. Abença mamãe.
Deus te abençoe, obedece seu pai.
Hora de dormir não é de caçoada.
Hora de dormir, todo menino dorme.
Mesmo sem sono? Dorme sem pensar.
Mas estou pensando. Penso mulher nua.

Penso na morte. Se eu morrer agora?
Sem ver mulher nua, só imaginando?
Morro, vou pro inferno. Talvez não. Meu anjo
me puxa de lá, leva ao purgatório.
A cama rangendo. Abença papai.
Você não sossega? Pera aí que eu te ensino.
Mas eu não fiz nada. Só pedi abença.
Deus te abençoe, diabo, senão,
senão tu me paga.

Que noite mais comprida desde que nasci.
Viajando parado. O escuro me leva
sem nunca chegar. Sem pedir abença
como vou saber que não vou sozinho?
Que o mundo está vivo? Abença papai
abença mamãe. Mas falta coragem
e peço pra dentro. Dentro não responde.

## FUGA

De repente você resolve: fugir.
Não sabe para onde nem como
nem por quê (no fundo você sabe
a razão de fugir; nasce com a gente).

É preciso FUGIR.
Sem dinheiro sem roupa sem destino.
Esta noite mesmo. Quando os outros
estiverem dormindo.
Ir a pé, de pés nus.
Calcar botina era acordar os gritos
que dormem na textura do soalho.

Levar pão e rosca; para o dia.
Comida sobra em árvores
infinitas, do outro lado do projeto:
um verdor
eterno, frutescente (deve ser).
Tem à beira da estrada, numa venda.
O dono viu passar muitos meninos
que tinham necessidade de fugir
e compreende.
Toda estrada, uma venda
para a fuga.

Fugir rumo da fuga
que não se sabe onde acaba

mas começa em você, ponta dos dedos.
Cabe pouco em duas algibeiras
e você não tem mais do que duas.
Canivete, lenço, figurinhas
de que não vai se separar
(custou tanto a juntar).
As mãos devem ser livres
para pesos, trabalhos, onças
que virão.

Fugir agora ou nunca. Vão chorar,
vão esquecer você? ou vão lembrar-se?
(Lembrar é que é preciso,
compensa toda fuga.)
Ou vão amaldiçoá-lo, pais da Bíblia?
Você não vai saber. Você não volta
nunca.
(Essa palavra nunca, deliciosa.)
Se irão sofrer, tanto melhor.
Você não volta nunca nunca nunca.
E será esta noite, meia-noite.
Em ponto.

Você dormindo à meia-noite.

## VERBO SER

Que vai ser quando crescer? vivem perguntando em redor. Que é ser? É ter um corpo, um jeito, um nome? Tenho os três. E sou? Tenho de mudar quando crescer? Usar outro nome, corpo e jeito? Ou a gente só principia a ser quando cresce? É terrível, ser? Dói? É bom? É triste? Ser: pronunciado tão depressa, e cabe tantas coisas? Repito: ser, ser, ser. Er. R. Que vou ser quando crescer? Sou obrigado a? Posso escolher? Não dá para entender. Não vou ser. Não quero ser. Vou crescer assim mesmo. Sem ser. Esquecer.

## MITOLOGIA DO ONÇA

Que lugar diferente dos lugares,
o Onça!
Custo a crer que exista além da boca,
faladeira de sonhos.
No entanto viajantes vêm do Onça,
apeiam, amarram suas mulas
na argola do mourão
e contam, pachorrentos, da viagem.
Contam de sua gente, de seus matos
e seus rios.
O Onça-Grande, o Onça-Pequeno
me perturbam.
São rios feitos de onça, águas ferozes
de onça encachoeirada?
Nas ruas do Onça passam onças
e pessoas caminham junto a elas?
Uma onça maior governa o Onça,
cada dia um menino é mastigado
em sua mesa rubra a escorrer sangue?
Riem de mim os viajantes
se lhes faço perguntas. Não pergunto.
Não riem. Ouço apenas
as estórias do Onça, corriqueiras.
No Onça não há onças.
É calma, tudo lá. Em mim, tremor.
Em mim é que elas bramem, noite negra.

## DUPLA HUMILHAÇÃO

Humilhação destas lombrigas,
humilhação de confessá-las
a Dr. Alexandre, sério,
perante irmãos que se divertem
com tua fauna intestinal
em perversas indagações:
"Você vai ao circo assim mesmo?
Vai levando suas lombrigas?
Elas também pagam entrada,
se não podem ver o espetáculo?
E se, ouvindo lá de dentro,
as gabarolas do palhaço,
vão querer sair para fora,
hem? Como é que você se arranja?"

O que é pior: mínimo verme,
quinze centímetros modestos,
não mais — vermezinho idiota —
enquanto Zé, rival na escola,
na queda-de-braço, em tudo,
se gabando mostra no vidro
o novelo comprovador
de seu justo gabo orgulhoso;
ele expeliu, entre ohs! e ahs!
de agudo pasmo familiar,
formidável tênia porcina:
a solitária de três metros.

## ESMOLA

Pede-se esmola por amor de Deus,
não por favor.
O cobre é dado por amor de Deus,
40 réis de amor e caridade.
Mas a mulher é velha, manca, enxerga mal.
Vou acompanhá-la pela rua afora.
A mão pega-lhe o braço, vai guiando
ou quase.
— Não careço de ajuda.
Me larga menino, por amor de Deus.

## EXIGÊNCIA DAS ALMAS

À minha frente,
a sacola vermelho-desbotada:
— Esmola para as almas.

Difícil recusar: no Purgatório
as almas espiam
escutam
reparam.
Estão confiantes as almas, vigilantes as almas.
Muito se aborrecerão
se eu lhes negar o solitário níquel da algibeira.

Que fazem as almas com dinheiro?
Por que precisam de dinheiro as almas?
Acaso não preciso mais na Terra?
Todo menino aqui tem dívidas
e as almas não querem saber disso.

— Como é? Não dá esmola para as almas?
Despojo-me, resignado.
É voz corrente, voz na carne:
Das almas não se pode esconder nada.

## OS POBRES

Domingo. Tarde. Consistório da Matriz.
Luz escassa no adro verde.
Comprida toalha vermelho-vinho
amacia a mesa das deliberações.

Ao derradeiro raio de sol
bailam corpúsculos no ar.
A Conferência Vicentina
considera a vida dos pobres.

O pai não veio desta vez.
Mandou-me em seu lugar. Sou grande,
já não sou menino estabanado
ao cuidar da vida dos pobres.

Mas que sei da vida dos pobres
senão que vivem: sempre, sempre,
como a água, a pedra, o costume?
Se São Vicente manda ver
no rosto deles o do Cristo,
o que vejo é a comum pobreza
resignada, consentida,
tão natural como sinal
na pele.

Estendo a mão com gravidade
na hora de contribuir.
Não é meu dinheiro? É meu o gesto.
Não salvo o mundo. Mas me salvo.

## TAMBOR NO ESCURO

O rumor vem de longe. Vem da Rua de Baixo,
onde é tudo diverso e pode acontecer?
Do Areão? De não sei onde vem.
No vento, no entressono fevereiro.
É a caixa-de-guerra.

A caixa enorme, a caixa repetida
que não deixa dormir,
surda, longínqua, tão presente
no breu do quarto, agora.

O som penetra o cobertor,
cola-se à carne. Quem estará rufando
este convite, este brado, esta ameaça?
Operários rebelados
contra o sossego de coronéis e coletores?
Há quantas noites se repete
e amanhã risco nenhum no céu lavado,
nenhum sinal na rua,
do zabumba-fantasma desta hora.

O nome, o nome vago
sonolento se esboça: Zé-Pereira,
de ninguém conhecido, não é primo,
não é irmão de Tonho, de Justino,
de Salatiel Pereira, clã sortido.
Um Zé sem cara que é o próprio bumbo
a soar na hora morta do meu catre.

Dizer que é carnaval chegando nada explica.
Há uma força chamando e só à noite
é que ele escuta o chamado?
Deus diferente, diabo manhoso,
só virá se a batida chega ao ponto,
e é preciso insistir, noturno apelo renitente?
Se eu pudesse sair,
sem ranger de botina,
sem pigarro do Velho me espreitando,
no rastro deste apelo, susto embora!

O sentido das coisas mora longe.

## BANDO

Carnaval da gente é o bando.
O bando cigano, vadio, pedinchão.
Fantasia, mãe da gente é quem faz.
Tento modelar a máscara feroz
na prática artesã:
sai porcaria.
Então o pai ajuda nos preparativos.
Vá lá. Cuidado, menino,
não me faça maluquice.
E Vlã, posso comprar?
Olha só que absurdo. Lança-perfume nos olhos
cega por toda a vida!
Compro limão de cheiro
que é barato e engraçado na pele dos outros,
mas geralmente os outros é que me ensopam.
O bando sai mal preparado como sempre,
não dá aquele prazer imaginado
na hora de formar o bando.
(Um dia alguém me ensinará
que há carnavais subjetivos.
O meu é subjetivo sem saber.)
Somos irreconhecíveis em nossos disfarces
e toda gente nos conhece.
Na noite de terça-feira,
com empadões e pastéis fornecidos pelos familiares,
mastigamos melancólicos a essência do carnaval.

## DESFILE

As terras foram vendidas,
as terras abandonadas
onde o ferro cochilava
e o mato-dentro adentrava.
Foram muito bem (?) vendidas
aos amáveis emissários
de Rothschild, Barry & Brothers
e compadres Iron Ore.
O dinheiro recebido
deu pra saldar hipotecas,
velhas contas de armarinho
e de secos e molhados.
Inda sobrou um bocado
pra gente se divertir
no faz-de-conta da vida
que devendo ser alegre
nem sempre é — quem, culpado?
Então se funda o galhardo
Clube Casaca Vermelha,
o qual todo encasacado
e todo rubro-pelintra
vem montado em seus cavalos
de vastas crina e arreata
de nobre prata e fulgor.
Desfila pela cidade
entre clarins triunfais
que clarinam mundo afora

nossa riqueza e poder.
Beleza do nunca visto
nunca sonhado ou contado:
são duzentos, são trezentos
quatrocentos cavaleiros,
serão mais, se não deliro,
altaneiros e pimpões,
medievais, século-vintes,
dizendo ao mundo: "Nós somos,
nós temos, nós imperamos!"
A povama deslumbrada
já nem abre mais a boca
de tão aberta que está,
e o cortejo vai passando
rumo à glória, rumo à história,
vão os cavalos deixando
no chão de pedra o lembrete
estercorário da cena,
vão deixando, vão tinindo
as ferraduras festivas...
Aproveitem, meus casacas,
é só esta volta, e pronto:
ano que vem, nunca mais.

## CHEIRO DE COURO

Em casa, na cidade,
vivo o couro
a presença do couro
o couro dos arreios
dos alforjes
das botas
das botinas amarelas
dos únicos tapetes consentidos
sobre o chão de tabuões que são sem dúvida
formas imemoriais de couro.

Vivo o cheiro do couro,
bafo da oficina do seleiro
suspenso no quarto de arreios.
Surpreendo, apalpo o cheiro futuro
dos bois sacrificados
olhando
a parada estrutura dos bois vivos.

Aspiro, adivinhando-o,
o cheiro do couro nonato
da cria na barriga da vaca Tirolesa
que um dia será carneada.

O couro cheira há muitas gerações.
A cidade cheira a couro.
É um cheiro de família, colado aos nomes.

## HISTÓRIA DE VINHO DO PORTO

O melhor na caixa de vinho
não é o vinho constelado de medalhas.
É o brinde oculto, destinado a quem? A mim,
caixeiro de armazém de secos e molhados.

A martelo e formão desventra-se o caixote.
Nas botelhas deitadas dorme vago torpor.
Papel de seda branco envolve esse letargo.
Onde o brinde? O canivete, a tesourinha,
a peça portuguesa de cerâmica, onde, onde
comigo brinca de esconder?

E se acaso esqueceram lá no Porto
de colocar meu brinde aí dentro?
Se em alto-mar — ó caixa balançando
entre ondas atlânticas iradas —
um marinheiro a violou,
roubou meu brinde lusitano?

O patrão acompanha os gestos de pesquisa:
— Olhe lá, não vá quebrar uma garrafa.
Me dará o que for? Guardará para um filho?
Vou lhe pedir? Surripiar
quando um freguês o chame, num segundo?
Melhor talvez do que pedir
e sofrer um não.

Ele volta, pergunta,
vendo a caixa vazia, as mãos vazias:
— Como é? O que foi que encontrou?
As mãos vazias lhe respondem: Nada.

## ORION

A primeira namorada, tão alta
que o beijo não a alcançava,
o pescoço não a alcançava,
nem mesmo a voz a alcançava.
Eram quilômetros de silêncio.

Luzia na janela do sobradão.

## CLASSE MISTA

"Meninas, meninas,
do lado de lá.
Meninos, meninos,
do lado de cá."
Por que sempre dois lados,
corredor no meio,
professora em frente,
e o sonho de um tremor de terra
que só acontece em Messina,
jamais, jamais em Minas,
para, entre escombros, me ver
junto de Conceição até o fim do curso?

## AMOR, SINAL ESTRANHO

Amo demais, sem saber que estou amando,
as moças a caminho da reza.
No entardecer.
Elas também não se sabem amadas
pelo menino de olhos baixos mas atentos.
Olho uma, olho outra, sinto
o sinal silencioso de alguma coisa
que não sei definir — mais tarde saberei.
Não por Hermínia apenas, ou Marieta
ou Dulce ou Nazaré ou Carmen.
Todas me ferem — doce,
passam sem reparar. O lusco-fusco
já decompõe os vultos, eu mesmo
sou uma sombra na janela do sobrado.
Que fazer deste sentimento
que nem posso chamar de sentimento?
Estou me preparando para sofrer
assim como os rapazes estudam para médico ou advogado.

## ENLEIO

Que é que vou dizer a você?
Não estudei ainda o código
de amor.

Inventar, não posso.
Falar, não sei.
Balbuciar, não ouso.

Fico de olhos baixos
espiando, no chão, a formiga.

Você sentada na cadeira de palhinha.
Se ao menos você ficasse aí nessa posição
perfeitamente imóvel, como está,
uns quinze anos (só isso)
então eu diria:
Eu te amo.
Por enquanto sou apenas o menino
diante da mulher que não percebe nada.

Será que você não entende, será que você é burra?

## MENINA NO BALANÇO

A calcinha (que é calça) de morim-cambraia,
nada transparente, de babados,
deve chegar até quase os joelhos.
A gente espera, a gente fica prelibando,
mas nem isto se vê
na rapidez do balanço que só revela em primeiro plano
a imensidão instantânea do sola dos sapatinhos brancos.

## FEBRIL

Ai coxas, ai miragem,
nudez rindo fugindo!
Relampeia no escuro
até no dia claro!

Ai corpos e delícias,
mar de ondas imóveis!
Labareda a lamber-me
por dentro, e não parece...

Tão perto, seios longe!
À míngua de senti-los,
nem sequer o direito
de contar esta febre...

Ao menos se uma vez
os olhos apalpassem
o pêlo, a mão tocasse
o frondoso carvão!

Pegar na realidade
o que vejo, invisível!
Não e nunca... Flanelas!
Linhos indevassáveis!

Quando crescer (e cresço?)
tudo estará presente?
Ou perco para sempre
isto que não mereço?

## A MÃO VISIONÁRIA

Xô xô mosquitinho
xô xô mosquitinho
xô xô mosquitinho
a moça da casa verde
xô xô mosquitinho
arregaçando o vestido
xô xô mosquitinho
descerrando as pernas brancas
xô xô mosquitinho
mais acima dos joelhos
xô xô mosquitinho
as coxas se arredondando
xô xô mosquitinho
entre as coxas se formando
xô xô mosquitinho
o escuro encaracolado
xô xô mosquitinho
bosque, floresta encantada
xô xô mosquitinho
que eu nunca vi, me contaram
xô xô mosquitinho
a minha mão vai subindo
xô xô mosquitinho
vai apalpando, alisando
xô xô mosquitinho
até chegar a essa mata
xô xô mosquitinho

que me deixa emaranhado
xô xô mosquitinho
na noite mais pegajosa
xô xô mosquitinho
e sinto que estou queimando
xô xô mosquitinho
nesse carvão incendiado
xô xô mosquitinho
vou ardendo vou morrendo
xô xô mosquitinho
xô... xô...
            mosquitinho
        Ai!

## SENTIMENTO DE PECADO

I

Pecar, eu peco todo santo dia.
Às vezes mais. Outras nem tanto.
Mas sempre a sombra, na consciência,
visão de inferno, crepitante,
subimpressa, nos atos, nos lugares.

Sei todos os pecados e cometo-os.
Todos os arrependimentos.
Todas as prosternadas confissões,
previstas penitências:
Três padre-nossos,
três ave-marias,
três creiemdeuspadres.

Saio puríssimo para pecar de novo.
Padre Olímpio não se cansa,
não me canso,
jamais se cansa o inferno
de aparecer em brasas nítidas.
Como pode durar o ano inteiro
este jogo de deus e de diabo
em peito de menino?

## II

Chegam os missionários estrangeiros
corados
rudes
ininteligíveis.
Festa na cidade, medo em mim:
Entenderão os meus pecados?
Trazem um inferno mais terrível
da Itália, da Espanha, da Alemanha?

A Inquisição — me lembro de gravuras
com fogaréus sinistros alumiando
uma praça de olhares —
baixou talvez em Minas, sou a vítima.

Os pecados não fazem fila.
O mar de pecados
envolve três confessionários
em suor arrependido.

Homens e mulheres exalam
vapor de crimes contra o Céu.
Valho tão pouco, eu!
Outra forma de medo me visita:
Meu Deus, terei pecado
à altura dos Inquisidores
ou vão me declarar incompetente?

## ELE

Ele vê, ela cala.
Castiga depois.
Seu olho-triângulo
devassa o país do mato-dentro.
No escuro me vê
e me assusta.
No claro me deixa sozinho
sem um sinal, um só
que me previna.

O que faço de errado,
principalmente o que faço
de gostoso,
tudo lhe merece
a mesma indiferença
enquanto vou fazendo.
Tarde é que ele mostra
sua condenação.
Interrogo-me, sinto
que dói dentro de mim.
Não devia ter feito.
Como poderia
evitar de fazer?
Só agora percebo
que condenado fui
a fazer e provar
a pena interior.

Seu nome (e tremo) é Deus do catecismo.

# DRUMMOND
# VIDA E OBRA

## CRONOLOGIA

1902 Nasce em Itabira do Mato Dentro, estado de Minas Gerais, em 31 de outubro, nono filho de Carlos de Paula Andrade, fazendeiro, e D. Julieta Augusta Drummond de Andrade.

1910 Inicia o curso primário no Grupo Escolar Dr. Carvalho Brito, em Belo Horizonte, onde conhece Gustavo Capanema e Afonso Arinos de Melo Franco.

1916 Aluno interno no Colégio Arnaldo da Congregação do Verbo Divino, Belo Horizonte.

1917 Toma aulas particulares com o professor Emílio Magalhães, em Itabira.

1918 Aluno interno no Colégio Anchieta da Companhia de Jesus em Nova Friburgo; é laureado em "certames literários".

Seu irmão Altivo publica, no único exemplar do jornalzinho *Maio*, seu poema em prosa "Onda".

1919 Expulso do Colégio Anchieta por "insubordinação mental".

1920 Muda-se com a família para Belo Horizonte.

1921 Publica seus primeiros trabalhos na seção "Sociais" do *Diário de Minas*.

Conhece Milton Campos, Abgar Renault, Emílio Moura, Alberto Campos, Mário Casassanta, João Alphonsus, Batista Santiago, Aníbal Machado, Pedro Nava, Gabriel Passos, Heitor de Sousa e João Pinheiro Filho, todos freqüentadores do Café Estrela e da Livraria Alves.

1922 Ganha 50 mil-réis de prêmio pelo conto "Joaquim do Telhado", no concurso Novela Mineira.

Publica trabalhos nas revistas *Todos* e *Ilustração Brasileira*.

1923 Entra para a Escola de Odontologia e Farmácia de Belo Horizonte.

1924 Inicia a correspondência com Manuel Bandeira, manifestando-lhe sua admiração.

Conhece Blaise Cendrars, Oswald de Andrade, Tarsila do Amaral e Mário de Andrade, no Grande Hotel de Belo Horizonte. Pouco tempo depois inicia a correspondência com Mário de Andrade, que durará até poucos dias antes da morte de Mário.

1925 Casa-se com a senhorita Dolores Dutra de Morais, a primeira ou segunda mulher a trabalhar num emprego (como contadora numa fábrica de sapatos) em Belo Horizonte, segundo o próprio Drummond.

Funda, junto com Emílio Moura e Gregoriano Canedo, *A Revista*, órgão modernista do qual saem três números.

Conclui o curso de Farmácia, mas não chega a exercer a profissão, alegando querer "preservar a saúde dos outros".

1926 Leciona Geografia e Português no Ginásio Sul-Americano de Itabira.

Volta para Belo Horizonte, por iniciativa de Alberto Campos, para trabalhar como redator-chefe do *Diário de Minas*.

Heitor Villa-Lobos, sem conhecê-lo, compõe uma seresta sobre o poema "Cantiga de viúvo".

1927 Nasce, no dia 22 de março, seu filho Carlos Flávio, que morre meia hora depois, devido a complicações respiratórias.

1928 Nasce, no dia 4 de março, sua filha Maria Julieta, que se tornará sua grande companheira e confidente ao longo da vida.

Publica na *Revista de Antropofagia* de São Paulo o poema "No meio do caminho", que se torna um dos maiores escândalos literários do Brasil.

Torna-se auxiliar de redação da *Revista do Ensino*, da Secretaria de Educação.

1929 Deixa o *Diário de Minas* para trabalhar no *Minas Gerais*, órgão oficial do estado, como auxiliar de redação e pouco depois como redator, sob a direção de Abílio Machado.

1930 Publica seu primeiro livro, *Alguma poesia*, em edição de 500 exemplares paga pelo autor, sob o selo imaginário Edições Pindorama, criado por Eduardo Frieiro.

Auxiliar de gabinete do secretário de Interior, Cristiano Machado, passa a oficial de gabinete quando seu amigo Gustavo Capanema substitui Machado.

1931 Morre, aos 70 anos, seu pai, Carlos de Paula Andrade.

1933 Redator de *A Tribuna*.

Acompanha Gustavo Capanema quando este é nomeado interventor federal em Minas Gerais.

1934 Trabalha como redator nos jornais *Minas Gerais*, *Estado de Minas* e *Diário da Tarde*, simultaneamente.

Publica *Brejo das Almas*, em edição de 200 exemplares, pela cooperativa Os Amigos do Livro.

Muda-se com D. Dolores e Maria Julieta para o Rio de Janeiro, onde passa a trabalhar como chefe de gabinete de Gustavo Capanema, novo ministro da Educação e Saúde Pública.

1935 Responde pelo expediente da Diretoria-Geral e é membro da Comissão de Eficiência do Ministério da Educação.

1937 Colabora na *Revista Acadêmica*, de Murilo Miranda.

1940 Publica *Sentimento do mundo*, em tiragem de 150 exemplares, distribuídos entre os amigos.

1941 Assina, sob o pseudônimo O Observador Literário, a seção "Conversa literária" da revista *Euclides*.

Colabora no suplemento literário de *A Manhã*, dirigido por Múcio Leão e mais tarde por Jorge Lacerda.

1942 A Livraria José Olympio Editora publica *Poesias*. José Olympio é o primeiro editor a publicar a obra do poeta.

1943 Traduz e publica a obra *Thérèse Desqueyroux*, de François Mauriac, sob o título de *Uma gota de veneno*.

1944 Publica *Confissões de Minas*, por iniciativa de Álvaro Lins.

1945 Publica *A rosa do povo*, pela José Olympio, e a novela *O gerente*, pela Edições Horizonte.

Colabora no suplemento literário do *Correio da Manhã* e na *Folha Carioca*.

Deixa a chefia de gabinete de Capanema, sem nenhum atrito com este, e, a convite de Luís Carlos Prestes, figura como co-editor do diário comunista *Tribuna Popular*, junto com Pedro Mota Lima, Álvaro

Moreyra, Aydano do Couto Ferraz e Dalcídio Jurandir. Meses depois se afasta do jornal, por discordar da sua orientação.

É chamado por Rodrigo M. F. de Andrade para trabalhar na Diretoria do Patrimônio Histórico e Artístico Nacional, onde mais tarde se tornará chefe da Seção de História, na Divisão de Estudos e Tombamento.

1946 Recebe o Prêmio pelo Conjunto da Obra, da Sociedade Felipe d'Oliveira.

Aos 17 anos de idade, sua filha Maria Julieta publica a novela *A busca*, pela José Olympio.

1947 É publicada sua tradução de *Les Liaisons dangereuses*, de Choderlos de Laclos, sob o título de *As relações perigosas*.

1948 Publica *Poesia até agora*.

Colabora em *Política e Letras*, de Odylo Costa, filho.

Morre sua mãe, Julieta Augusta Drummond de Andrade Comparece ao enterro em Itabira, que acontece ao mesmo tempo em que é executada, no Teatro Municipal do Rio de Janeiro, a obra *Poema de Itabira*, de Heitor Villa-Lobos, composta sobre seu poema "Viagem na família".

1949 Volta a escrever no jornal *Minas Gerais*.

Sua filha Maria Julieta casa-se com o escritor e advogado argentino Manuel Graña Etcheverry e passa a residir em Buenos Aires, onde desempenhará, ao longo de 34 anos, um importante trabalho de divulgação da cultura brasileira.

1950 Viaja a Buenos Aires para o nascimento de seu primeiro neto, Carlos Manuel.

1951 Publica *Claro enigma*, *Contos de aprendiz* e *A mesa*.

É publicado em Madri o livro *Poemas*.

1952 Publica *Passeios na ilha* e *Viola de bolso*.

1953 Exonera-se do cargo de redator do *Minas Gerais*, ao ser estabilizada sua situação de funcionário da DPHAN.

Vai a Buenos Aires para o nascimento de seu neto Luis Mauricio, a quem dedica o poema "A Luis Mauricio, infante".

É publicado em Buenos Aires o livro *Dos poemas*, com tradução de Manuel Graña Etcheverry, genro do poeta.

1954 Publica *Fazendeiro do ar & Poesia até agora.*

Aparece sua tradução de *Les Paysans*, de Balzac.

Realiza na Rádio Ministério da Educação, em diálogo com Lya Cavalcanti, a série de palestras "Quase memórias".

Inicia no *Correio da Manhã* a série de crônicas "Imagens", mantida até 1969.

1955 Publica *Viola de bolso novamente encordoada.*

1956 Publica *50 poemas escolhidos pelo autor.*

Aparece sua tradução de *Albertine disparue*, de Marcel Proust.

1957 Publica *Fala, amendoeira* e *Ciclo.*

1958 Publica-se em Buenos Aires uma seleção de seus poemas na coleção Poetas del Siglo Veinte.

É encenada e publicada a sua tradução de *Doña Rosita la soltera*, de Federico García Lorca, pela qual recebe o Prêmio Padre Ventura, do Círculo Independente de Críticos Teatrais.

1960 Nasce em Buenos Aires seu terceiro neto, Pedro Augusto.

A Biblioteca Nacional publica a sua tradução de *Oiseaux-mouches ornithorynques du Brésil*, de Descourtilz.

Colabora em *Mundo Ilustrado.*

1961 Colabora no programa *Quadrante*, da Rádio Ministério da Educação, instituído por Murilo Miranda.

Morre seu irmão Altivo.

1962 Publica *Lição de coisas*, *Antologia poética* e *A bolsa e a vida.*

É demolida a casa da Rua Joaquim Nabuco, 81, onde viveu 21 anos. Passa a residir em apartamento.

São publicadas suas traduções de *L'Oiseau bleu*, de Maurice Maeterlinck, e de *Les Fourberies de Scapin*, de Molière, que é encenada no Teatro Tablado, do Rio de Janeiro.

Recebe novamente o Prêmio Padre Ventura.

Aposenta-se como chefe de seção da DPHAN, após 35 anos de serviço público, recebendo carta de louvor do ministro da Educação, Oliveira Brito.

1963 É lançada sua tradução de *Sult* (*Fome*), de Knut Hamsun.

Recebe os prêmios Fernando Chinaglia, da União Brasileira de Escritores, e Luísa Cláudio de Sousa, do PEN Clube do Brasil, pelo livro *Lição de coisas*.

Colabora no programa *Vozes da cidade*, instituído por Murilo Miranda, na Rádio Roquette-Pinto, e inicia o programa *Cadeira de balanço*, na Rádio Ministério da Educação.

Viaja com D. Dolores a Buenos Aires.

1964 Publica a primeira edição da *Obra completa*, pela Aguilar.

1965 Publicados os livros *Antologia poética*, em Portugal, *In the Middle of the Road*, nos Estados Unidos, e *Poesie*, na Alemanha.

Publica, em colaboração com Manuel Bandeira, *Rio de Janeiro em prosa & verso*.

Colabora em *Pulso*.

1966 Publica *Cadeira de balanço*, e na Suécia é lançado *Naten och rosen*.

1967 Publica *Versiprosa*, *José e outros*, *Mundo, vasto mundo*, *Uma pedra no meio do caminho* e *Minas Gerais (Brasil, terra e alma)*.

Publicações de *Fyzika strachu*, em Praga, e *Mundo, vasto mundo*, com tradução de Manuel Graña Etcheverry, em Buenos Aires.

1968 Publica *Boitempo & A falta que ama*.

Membro correspondente da Hispanic Society of America, Estados Unidos.

1969 Deixa o *Correio da Manhã* e começa a escrever para o *Jornal do Brasil*.

Publica *Reunião* (10 livros de poesia).

1970 Publica *Caminhos de João Brandão*.

1971 Publica *Seleta em prosa e verso*.

Edição de *Poemas* em Cuba.

1972 Viaja a Buenos Aires com D. Dolores para visitar a filha, Maria Julieta.

Publica *O poder ultrajovem.*

Jornais do Rio de Janeiro, São Paulo, Belo Horizonte e Porto Alegre publicam suplementos comemorativos do 70º aniversário do poeta.

1973 Publica *As impurezas do branco*, *Menino antigo* (*Boitempo II*), *La bolsa y la vida*, em Buenos Aires, e *Réunion*, em Paris.

1974 Recebe o Prêmio de Poesia da Associação Paulista de Críticos Literários.

Membro honorário da American Association of Teachers of Spanish and Portuguese, dos Estados Unidos.

1975 Publica *Amor, amores.*

Recebe o Prêmio Nacional Walmap de Literatura, e recusa, por motivo de consciência, o Prêmio Brasília de Literatura, da Fundação Cultural do Distrito Federal.

1977 Publica *A visita*, *Discurso de primavera e algumas sombras* e *Os dias lindos.*

Grava 42 poemas em dois *long plays*, lançados pela Polygram.

Edição búlgara de *Iybctbo ba Cbeta* (*Sentimento do mundo*).

1978 Publica *70 historinhas* e *O marginal Clorindo Gato.*

Edições argentinas de *Amar-amargo* e *El poder ultrajoven.*

1979 Publica *Poesia e prosa*, 5ª edição, revista e atualizada, pela editora Nova Aguilar.

Viaja a Buenos Aires por motivo de doença de sua filha Maria Julieta.

Publica *Esquecer para lembrar* (*Boitempo III*).

1980 Recebe os prêmios Estácio de Sá, de jornalismo, e Morgado Mateus (Portugal), de poesia.

Edição limitada de *A paixão medida.*

Noite de autógrafos na Livraria José Olympio Editora para o lançamento conjunto da edição comercial de *A paixão medida* e *Um buquê de alcachofras*, de Maria Julieta Drummond de Andrade; o poeta e sua filha autografam juntos na sede da José Olympio.

Edição de *En Rost at Folket*, Suécia. Edição de *The Minus Sign*, Estados Unidos. Edição de *Gedichten* (*Poemas*), Holanda.

1981 Publica *Contos plausíveis* e *O pipoqueiro da esquina*.

Edição inglesa de *The Minus Sign*.

1982 Ano do 80° aniversário do poeta. São realizadas exposições comemorativas na Biblioteca Nacional e na Casa de Rui Barbosa, no Rio de Janeiro. Os principais jornais do Brasil publicam suplementos comemorando a data. Recebe o título de Doutor Honoris Causa pela Universidade Federal do Rio Grande do Norte. A cidade do Rio de Janeiro festeja a data com cartazes de afeto ao poeta.

Publica *A lição do amigo – Cartas de Mário de Andrade a Carlos Drummond de Andrade*, com notas do destinatário.

Publicação de *Carmina drummondiana*, poemas de Drummond traduzidos para o latim por Silva Bélkior.

Edição mexicana de *Poemas*.

1983 Declina o Troféu Juca Pato.

Publica *Nova reunião* (19 livros de poesia) e *O elefante*.

1984 Após 41 anos despede-se da casa do velho amigo José Olympio e assina contrato com a Editora Record, que publica sua obra até hoje.

Também se despede do *Jornal do Brasil*, depois de 64 anos de trabalho jornalístico, com a crônica "*Ciao*".

Publica, pela Editora Record, *Boca de luar* e *Corpo*.

1985 Publica *Amar se aprende amando*, *O observador no escritório* (memórias), *História de dois amores* (livro infantil) e *Amor, sinal estranho*.

Edição de *Frän Oxen Tid*, Suécia.

1986 Publica *Tempo, vida, poesia*.

Edição de *Travelling in the Family*, em Nova York, pela Random House, e *Antología poética*, em Cuba.

Escreve 21 poemas para a edição do centenário de Manuel Bandeira, preparada pela editora Alumbramento, com o título *Bandeira, a vida inteira*.

Sofre um infarto e é internado durante 12 dias.

1987 Em 31 de janeiro escreve seu último poema, "Elegia a um tucano morto", que passa a integrar *Farewell*, último livro organizado pelo poeta.

É homenageado, com o enredo "O reino das palavras", pela Escola de Samba Estação Primeira de Mangueira, que vence o Carnaval do Rio de Janeiro.

No dia 5 de agosto, depois de dois meses de internação, morre sua filha Maria Julieta, vítima de câncer. "Assim terminou a vida da pessoa que mais amei neste mundo", escreve num diário. Doze dias depois morre o poeta, de problemas cardíacos. É enterrado junto com a filha no Cemitério São João Batista do Rio de Janeiro.

O poeta deixa obras inéditas: *O avesso das coisas* (aforismos), *Moça deitada na grama*, *O amor natural* (poemas eróticos), *Poesia errante*, *Farewell*, atualmente editados pela Record, *Arte em exposição* (versos sobre obras de arte), posteriormente publicado pela editora Salamandra, além de crônicas, dedicatórias em verso coletadas pelo autor, correspondência e um texto para um espetáculo musical, ainda sem título.

Reedição de *De notícias e não-notícias faz-se a crônica* pela Editora Record. Edição de *Crônicas – 1930-1934*.

Edição de *Un chiaro enigma* e *Sentimento del mondo*, Itália, *Mundo grande y otros poemas*, na série Los Grandes Poetas, em Buenos Aires.

1988 Publicação de *Poesia errante*, coletânea de poemas inéditos, Prêmio Padre Ventura.

1989 Publicação de *Auto-retrato e outras crônicas*, edição organizada por Fernando Py. Publicação de *Drummond: frente e verso*, edição iconográfica, pela Alumbramento, e de *Álbum para Maria Julieta*, edição limitada e fac-similar de caderno com originais manuscritos de vários autores e artistas, compilados pelo poeta para sua filha.

A Casa da Moeda homenageia o poeta, emitindo uma nota de 50 cruzados.

1990 O Centro Cultural Banco do Brasil (CCBB) organiza uma exposição comemorativa dos 60 anos da publicação de *Alguma poesia*.

Palestras de Manuel Graña Etcheverry, "El erotismo en la poesía de Drummond", e de Affonso Romano de Sant'Anna, "Drummond, um *gauche* no mundo", no CCBB.

Encenação teatral de *Mundo, vasto mundo*, com Tônia Carrero, o coral Garganta e Paulo Autran, sob a direção deste, no Teatro II do CCBB.

Encenação de *Crônica viva*, com adaptação de João Brandão e Pedro Drummond, no CCBB.

Edição da antologia *Itabira*, em Madri, pela editora Visor.

Edição limitada de *Arte em exposição*, pela Salamandra.

Edição de *Poésie*, pela editora Gallimard, França.

1991 Publicação, em oito volumes, de *Obra poética*, pela editora Europa-América, em Portugal.

1992 Edição de *O amor natural*, poemas eróticos com ilustrações de Milton Dacosta e projeto gráfico de Alexandre Dacosta e Pedro Drummond.

Publicação de *Tankar om Ordet Menneske*, Noruega.

Edição de *De Liefde Natuurlijk* (*O amor natural*), na Holanda.

1993 Publicação de *O amor natural*, em Portugal, pela editora Europa-América.

Prêmio Jabuti pelo melhor livro de poesia do ano, *O amor natural*.

1994 Publicação pela Editora Record de novas edições de *Discurso de primavera* e *Contos plausíveis*.

No dia 2 de julho morre D. Dolores Morais Drummond de Andrade, viúva do poeta, aos 94 anos.

1995 Encenação teatral de *No meio do caminho...*, crônicas e poemas do poeta com roteiro e adaptação de João Brandão e Pedro Drummond.

Lançamento de um selo postal em homenagem ao poeta.

Drummond na era digital: lançamento do primeiro *web site* de autor brasileiro na internet, premiado com o primeiro I-Best 95.

1996 Lançamento do livro *Farewell*, último organizado pelo poeta, no CCBB do Rio de Janeiro, com a apresentação de Joana Fomm e José Mayer.

Prêmio Jabuti pelo melhor livro de poesia do ano, *Farewell*.

1997 Primeira edição interativa do livro *O avesso das coisas* (http://www.carlosdrummond.com.br/avesso).

1998 Inauguração dos "Caminhos drummondianos" em Itabira.

No dia 31 de outubro é inaugurado o Memorial Carlos Drummond de Andrade, projeto do arquiteto Oscar Niemeyer, no Pico do Amor da cidade de Itabira.

Prêmio *in memoriam* Medalha do Sesquicentenário da Cidade de Itabira.

1999 I Fórum Itabira Século XXI – Centenário Drummond, realizado na cidade de Itabira.

Lançamento do CD *Carlos Drummond de Andrade por Paulo Autran*, pelo selo Luz da Cidade.

2000 Inaugurada a Biblioteca Carlos Drummond de Andrade do Colégio Arnaldo, de Belo Horizonte, MG.

Lançamento do CD *Contos de aprendiz por Leonardo Vieira*, pelo selo Luz da Cidade.

Estréia no dia 31 de outubro o espetáculo *Jovem Drummond*, estrelado por Vinícius de Oliveira, no teatro da Fundação Cultural Carlos Drummond de Andrade de Itabira (Secretaria de Cultura do Município).

Lançamento do CD *História de dois amores – contada por Odete Lara*, pelo selo Luz da Cidade, produzido por Paulinho Lima.

Encenação pela Comédie Française da peça de Molière *Les Fourberies de Scapin*, com tradução de CDA, nos teatros Municipal do Rio de Janeiro e Municipal de São Paulo.

Lançamento do projeto *O fazendeiro do ar*, com o "balão Drummond", na Lagoa Rodrigo de Freitas, no Rio de Janeiro.

II Fórum Itabira Século XXI – Centenário Drummond, realizado em outubro na cidade de Itabira.

Homenagem *in memoriam* Medalha Comemorativa dos 70 Anos do MEC. Homenagem aos ex-alunos da Universidade Federal de Minas Gerais.

# BIBLIOGRAFIA[1]

## OBRAS DO AUTOR

### POESIA

*Alguma poesia*. Belo Horizonte: Pindorama, 1930. 7. ed., Rio de Janeiro: Record, 2005.

*Brejo das Almas*. Belo Horizonte: Os Amigos do Livro, 1934. 2. ed., Rio de Janeiro: Record, 2002.

*Sentimento do mundo*. Rio de Janeiro: Pongetti, 1940. 20. ed., Record, 2005.

*Poesias* (*Alguma poesia, Brejo das Almas, Sentimento do mundo, José*). Rio de Janeiro: J. Olympio, 1942.

*A rosa do povo*. Capa Santa Rosa. Rio de Janeiro: J. Olympio, 1945. 30. ed., Record, 2005.

*Poesia até agora* (*Alguma poesia, Brejo das Almas, Sentimento do mundo, José, A rosa do povo, Novos poemas*). Rio de Janeiro: J. Olympio, 1948.

*A máquina do mundo* (incluído em *Claro enigma*). Rio de Janeiro: Luís Jardim, 1949. Exemplar único com caligrafia de Luís Jardim.

*Claro enigma*. Rio de Janeiro: J. Olympio, 1951. 15. ed., Record, 2002.

*A mesa* (incluído em *Claro enigma*). Niterói: Hipocampo, 1951. 70 exemplares.

*Viola de bolso*. Rio de Janeiro: Serviço de Documentação do MEC, 1952 (Os Cadernos de Cultura). 2. ed. aum., *Viola de bolso novamente encordoada*. Capa Lilyan Schwartzkopf. J. Olympio, 1955.

*Fazendeiro do ar & Poesia até agora* (*Alguma poesia, Brejo das Almas, Sentimento do mundo, José, A rosa do povo, Novos poemas, Claro enigma, Fazendeiro do ar*). Rio de Janeiro: J. Olympio, 1954. 2. ed., J. Olympio, 1955.

*Soneto da buquinagem* (incluído em *Viola de bolso novamente encordoada*). Xilogravura Manuel Segalá. Rio de Janeiro: Philobiblion, 1955. 100 exemplares.

*Ciclo* (incluído em *A vida passada a limpo* e em *Poemas*). Ilustração Reynaldo Fonseca. Recife: O Gráfico Amador, 1957 (Cartas de Indulgência). 96 exemplares.

[1] Elaborada a partir da bibliografia publicada no inventário do Arquivo de Carlos Drummond de Andrade.

*Poemas* (*Alguma poesia, Brejo das Almas, Sentimento do mundo, José, A rosa do povo, Novos poemas, Claro enigma, Fazendeiro do ar, A vida passada a limpo*). Rio de Janeiro: J. Olympio, 1959.

*Lição de coisas*. Rio de Janeiro: J. Olympio, 1962. 4. ed., J. Olympio, 1978.

*Obra completa*. Estudo crítico de Emanuel de Moraes, fortuna crítica, cronologia e bibliografia. Rio de Janeiro: Aguilar, 1964. 3. ed., *Poesia completa e prosa*. Aguilar, 1973; 5. ed., *Poesia e prosa*, Aguilar, 1979; 6. ed. rev., Aguilar, 1988; 8. ed., Aguilar, 1992.

*Versiprosa*. Rio de Janeiro: J. Olympio, 1967 (Sagarana).

*José e outros* (*José, Novos poemas, Fazendeiro do ar, A vida passada a limpo, 4 poemas, Viola de bolso novamente encordoada*). Rio de Janeiro: J. Olympio, 1967 (Sagarana).

*Boitempo & A falta que ama*. Rio de Janeiro: Sabiá, 1968. 4. ed., Sabiá, 1979.

*Reunião*: 10 livros de poesia (*Alguma poesia, Brejo das Almas, Sentimento do mundo, José, A rosa do povo, Novos poemas, Claro enigma, Fazendeiro do ar, A vida passada a limpo, Lição de coisas, 4 poemas*). Rio de Janeiro: J. Olympio, 1969. 10. ed., J. Olympio, 1980.

*D. Quixote*. Glosas a 21 desenhos de Candido Portinari. Rio de Janeiro: Diagraphis, 1972.

*As impurezas do branco*. Rio de Janeiro: J. Olympio, 1973. 10. ed., Record, 2006.

*Menino antigo* (*Boitempo II*). Rio de Janeiro: J. Olympio; Brasília: INL, 1973. 4. ed., Record, 1998.

*Minas e Drummond*. Ilustrações Yara Tupinambá, Wilde Lacerda, Haroldo Mattos, Júlio Espíndola, Jarbas Juarez, Álvaro Apocalypse e Beatriz Coelho. Belo Horizonte: Universidade Federal de Minas Gerais, 1973. 500 exemplares.

*Amor, amores*. Ilustrações Carlos Leão. Rio de Janeiro: Alumbramento, 1975. 423 exemplares.

*A visita* (incluído em *A paixão medida*). Fotos Maureen Bisilliat. São Paulo: Edição Particular, 1977. 125 exemplares.

*Discurso de primavera e algumas sombras*. Rio de Janeiro: J. Olympio, 1977. 4. ed., Record, 2001.

*O marginal Clorindo Gato* (incluído em *A paixão medida*). Ilustrações Darel. Rio de Janeiro: Avenir, 1978.

*Nudez* (incluído em *Poemas*). Recife: Escola de Artes, 1979. 50 exemplares. 2. ed. Ilustrações G. H. e Cecília Jucá. Rio de Janeiro: Linolivro, 1980.

*Esquecer para lembrar* (*Boitempo III*). Rio de Janeiro: J. Olympio, 1979. 2. ed., J. Olympio, 1980.

*A paixão medida*. Ilustrações Emeric Marcier. Rio de Janeiro: Alumbramento, 1980 (643 exemplares). 2. ed. Ilustrações Luis Trimano. J. Olympio, 1980. 9. ed., Record, 2002.

*Nova reunião*: 19 livros de poesias (*Alguma poesia, Brejo das Almas, Sentimento do mundo, José, A rosa do povo, Novos poemas, Claro enigma, Fazendeiro do ar, A vida passada a limpo, Lição de coisas, A falta que ama, As impurezas do branco, Boitempo I, Boitempo II, Boitempo III, A paixão medida* e seleção de *Viola de bolso, Versiprosa, Discursos de primavera e algumas sombras*). Rio de Janeiro: J. Olympio; Brasília: INL, 1983. 3. ed., J. Olympio; INL, 1987. 2 v.

*O elefante*. Ilustrações Regina Vater. Rio de Janeiro: Record, 1983 (Abre-te Sésamo).

*Caso do vestido*. Rio de Janeiro: Rioarte, 1983. Adaptado para o teatro por Aderbal Júnior.

*Corpo*. Ilustrações Carlos Leão. Rio de Janeiro: Record, 1984. 18. ed., Record, 2004.

*Mata atlântica*. Fotos Luís Cláudio Marigo. Texto Alceo Magnanini. Rio de Janeiro: Chase Banco Lar; AC&M, 1984. 2. ed., AC&M; Sette Letras, 1997.

*Amor, sinal estranho*. Litografias Enrico Bianco. Rio de Janeiro: Lithos Edições de Arte, 1985 (100 exemplares).

*Amar se aprende amando*. Rio de Janeiro: Record, 1985. 29. ed., Record, 2005.

*Pantanal*. Fotos Luís Cláudio Marigo. Textos Alceo Magnanini. Rio de Janeiro: Chase Banco Lar; AC&M, 1985.

*O prazer das imagens*. Fotos Hugo Rodrigo Octavio. Legendas inéditas de Carlos Drummond de Andrade. São Paulo: Metal Leve; Hamburg, 1987.

*Poesia errante*: derrames líricos, e outros nem tanto ou nada. Rio de Janeiro: Record, 1988. 7. ed., Record, 1996.

*Arte em exposição*. Rio de Janeiro: Salamandra; Record, 1990.

*O amor natural*. Ilustrações Milton Dacosta. Rio de Janeiro: Record, 1992. 14. ed., Record, 2005.[2]

*A vida passada a limpo*. Rio de Janeiro: Record, 1994. 3. ed., Record, 2002.

*Rio de Janeiro*. Vaduz, Principado de Liechtenstein: Verlag Kunt und Kultur, 1994.

*Farewell*. Rio de Janeiro: Record, 1996. 8. ed., Record, 2002.

*A senha do mundo*. Rio de Janeiro: Record, 1996. 3. ed., Record, 1998 (Verso na Prosa, Prosa no Verso).

*A cor de cada um*. Rio de Janeiro: Record, 1996. 9. ed., Record, 2003 (Verso na Prosa, Prosa no Verso).

---

2 Há uma edição particular de 1981 e outra da Europa-América (Portugal) de 1993, com ilustrações de Clementina Cabral.

*A falta que ama*. Rio de Janeiro: Record, 2002.
*Boitempo I*. Rio de Janeiro: Record, 1987. 8. ed., Record, 2006.
*Boitempo II*. Rio de Janeiro: Record, 1987. 7. ed., Record, 2006.

CRÔNICA

*Fala, amendoeira*. Rio de Janeiro: J. Olympio, 1957. 18. ed., Record, 2004.
*A bolsa e a vida*. Rio de Janeiro: Editora do Autor, 1962. 15. ed., Record, 2002.
*Cadeira de balanço*. Rio de Janeiro: J. Olympio, 1966 (Sagarana). 20. ed., Record, 2003.
*Caminhos de João Brandão*. Rio de Janeiro: J. Olympio, 1970. 5. ed., Record, 2002.
*O poder ultrajovem*. Rio de Janeiro: J. Olympio, 1972. 18. ed., Record, 2002.
*De notícias e não-notícias faz-se a crônica*. Rio de Janeiro: J. Olympio, 1974. 9. ed., Record, 2004.
*Os dias lindos*. Rio de Janeiro: J. Olympio, 1977. 8. ed., Record, 1998.
*Crônica das favelas cariocas*. Rio de Janeiro: Edição Particular, 1981.
*Boca de luar*. Rio de Janeiro: Record, 1984. 9. ed., Record, 1999.
*Crônicas de 1930-1934* (Pseudônimos: Antônio Crispim e Barba Azul). Ilustrações Ana Raquel. Belo Horizonte: Revista do Arquivo Público Mineiro, 1984. 2. ed., Secretaria da Cultura de Minas Gerais, 1987.
*Moça deitada na grama*. Rio de Janeiro: Record, 1987.
*Auto-retrato e outras crônicas*. Seleção Fernando Py. Rio de Janeiro: Record, 1989. 5. ed., Record, 2002.
*O sorvete e outras histórias*. São Paulo: Ática, 1993.
*Vó caiu na piscina*. Rio de Janeiro: Record, 1996. 8. ed., Record, 2003 (Verso na Prosa, Prosa no Verso).

CONTO

*O gerente* (incluído em *Contos de aprendiz*). Capa J. Moraes. Rio de Janeiro: Horizonte, 1945. (Literatura).
*Contos de aprendiz*. Rio de Janeiro: J. Olympio, 1951. 2. ed. aum., J. Olympio, 1958. 48. ed., Record, 2004.
*70 historinhas* (*Fala amendoeira, A bolsa e a vida, Cadeira de balanço, Caminhos de João Brandão, O poder ultrajovem, De notícias e não-notícias faz-se a crônica* e *Os dias lindos*). Rio de Janeiro: J. Olympio, 1978. 9. ed., Record, 1998.
*Contos plausíveis*. Ilustrações Irene Peixoto e Márcia Cabral. Rio de Janeiro: J. Olympio; Jornal do Brasil, 1981. 5. ed., Record, 2006.

*O pipoqueiro da esquina.* Ilustrações Ziraldo. Rio de Janeiro: Codecri, 1981.
*História de dois amores.* Ilustrações Ziraldo. Rio de Janeiro: Record, 1985. 13. ed., Record, 2005.
*Criança dagora é fogo.* Rio de Janeiro: Record, 1996. 9. ed., Record, 2004 (Verso na Prosa, Prosa no Verso).

ENSAIO

*Confissões de Minas.* Rio de Janeiro: Americ-Edit, 1944 (Joaquim Nabuco).
*Passeios na ilha.* Rio de Janeiro: Simões, 1952. 2. ed., J. Olympio, 1975.
*A lição do amigo.* Cartas de Mário de Andrade. Introdução Carlos Drummond de Andrade. Rio de Janeiro: J. Olympio, 1982. 2. ed. rev., Record, 1988.
*Em certa casa da rua Barão de Jaguaribe.* Rio de Janeiro: Sabadoyle, 1984. Ata comemorativa dos 20 anos do Sabadoyle.
*O observador no escritório*: páginas de diário. Rio de Janeiro: Record, 1985.
*Tempo, vida, poesia*: confissões no rádio. Rio de Janeiro: Record, 1986. 2. ed., Record, 1987. Entrevistas à Rádio MEC.
*Saudação a Plínio Doyle.* Rio de Janeiro: Sabadoyle, 1986. Ata do Sabadoyle de 4 de outubro de 1986.
*O avesso das coisas.* Aforismos. Ilustrações Jimmy Scott. Rio de Janeiro: Record, 1987. 4. ed., Record, 1997.
*De tudo fica um pouco*: meus cartões de Drummond. Rio de Janeiro: Litteris, 1991. Correspondência com Fernando Augusto Maia.
*Conversas de livraria*: 1941 e 1948. Porto Alegre: AGE; São Paulo: Giordano, 2000.

ANTOLOGIA E OBRA EM COLABORAÇÃO

Neste Caderno... In: *10 histórias de bichos.* Em colaboração com Godofredo Rangel, Graciliano Ramos, João Alphonsus, Guimarães Rosa, J. Simões Lopes Neto, Luís Jardim, Maria Julieta, Marques Rebelo, Orígenes Lessa, Tristão da Cunha. Rio de Janeiro: Condé, 1947. 220 exemplares.
*50 poemas escolhidos pelo autor.* Rio de Janeiro: Serviço de Documentação do MEC, 1956. 2. ed., MEC, 1958. (Os Cadernos de Cultura)
*Antologia poética.* Rio de Janeiro: Editora do Autor, 1962. 55. ed., Record, 2005.
*Quadrante.* Em colaboração com Cecília Meireles, Dinah Silveira de Queiroz, Fernando Sabino, Manuel Bandeira, Paulo Mendes Campos e Rubem Braga. Rio de Janeiro: Editora do Autor, 1962. 5. ed., Editora do Autor, 1968.

*Quadrante II*. Em colaboração com Cecília Meireles, Dinah Silveira de Queiroz, Fernando Sabino, Manuel Bandeira, Paulo Mendes Campos e Rubem Braga. Rio de Janeiro: Editora do Autor, 1963. 4. ed., Editora do Autor, 1968.

*Antologia poética*. Seleção e prefácio Massaud Moisés. Lisboa: Portugália, 1965 (Poetas de Hoje).

*Vozes da cidade*. Em colaboração com Cecília Meireles, Genolino Amado, Henrique Pongetti, Maluh de Ouro Preto, Manuel Bandeira e Rachel de Queiroz. Rio de Janeiro: Record, 1965.

*Rio de Janeiro em prosa & verso*. Em colaboração com Manuel Bandeira. Rio de Janeiro: J. Olympio, 1965 (Rio 4 Séculos).

*Minas Gerais*. Seleção Carlos Drummond de Andrade. Rio de Janeiro: Editora do Autor, 1967 (Brasil, Terra & Alma).

*Seleta em prosa e verso*. Estudo e notas de Gilberto Mendonça Teles. Rio de Janeiro: J. Olympio, 1971. 13. ed., Record, 1995.

*Elenco de cronistas modernos*. Em colaboração com Clarice Lispector, Fernando Sabino, Manuel Bandeira, Paulo Mendes Campos, Rachel de Queiroz e Rubem Braga. Rio de Janeiro: Sabiá, 1971. 14. ed., J. Olympio, 1995.

*Atas poemas*. Natal na Biblioteca de Plínio Doyle. Em colaboração com Alphonsus de Guimaraens Filho, Enrique de Resende, Gilberto Mendonça Teles, Homero Homem, Mário da Silva Brito, Murilo Araújo, Raul Bopp, Waldemar Lopes. Rio de Janeiro: Sabadoyle, 1974.

*Para gostar de ler*. Em colaboração com Fernando Sabino, Paulo Mendes Campos e Rubem Braga. São Paulo: Ática, 1977-80. v. 1-5.

*Para Ana Cecília*. Em colaboração com João Cabral de Melo Neto, Mauro Mota, Odylo Costa, filho, Ledo Ivo, Marcus Accioly e Gilberto Freyre. Recife: Edição Particular, 1978.

*O melhor da poesia brasileira*. Em colaboração com João Cabral de Melo Neto, Manuel Bandeira e Vinicius de Moraes. Rio de Janeiro: J. Olympio, 1979.

*Carlos Drummond de Andrade*. Seleção de textos, notas, estudo biográfico, histórico-crítico e exercícios de Rita de Cássia Barbosa. São Paulo: Abril, 1980 (Literatura Comentada). 2. ed., Nova Cultural, 1988.

*Antologia poética*. São Paulo: Abril Cultural, 1982.

*Quatro vozes*. Em colaboração com Rachel de Queiroz, Cecília Meireles e Manuel Bandeira. Rio de Janeiro: Record, 1984. 12. ed., Record, 2002.

*60 anos de poesia*. Organização e apresentação de Arnaldo Saraiva. Lisboa: O Jornal, 1985.

*Quarenta historinhas e cinco poemas*. Leitura e exercícios para estudantes de Português nos EUA. Flórida: University of Florida, 1985.

*Bandeira, a vida inteira.* Textos extraídos da obra de Manuel Bandeira e 21 poemas de Carlos Drummond de Andrade. Rio de Janeiro: Alumbramento, 1986.

*Álbum para Maria Julieta.* Coletânea de dedicatórias reunidas por Carlos Drummond de Andrade para sua filha, acompanhada de texto extraído da obra do autor. Rio de Janeiro: Alumbramento, 1989.

*Obra poética.* Portugal: Publicações Europa-América, 1989. 8 v.

*Rua da Bahia.* Em colaboração com Pedro Nava. Belo Horizonte: UFMG, 1990. 2. ed., UFMG, 1996.

*Carlos Drummond de Andrade.* Organizado por Fernando Py e Pedro Lyra. Rio de Janeiro: Agir, 1994 (Nossos Clássicos).

*As palavras que ninguém diz*: crônica. Seleção Luzia de Maria. Rio de Janeiro: Record, 1997. 9. ed., Record, 2005 (Mineiramente Drummond).

*Histórias para o rei*: conto. Seleção Luzia de Maria. Rio de Janeiro: Record, 1997. 8. ed., Record, 2005 (Mineiramente Drummond).

*A palavra mágica*: poesia. Seleção Luzia de Maria. Rio de Janeiro: Record, 1997. 12. ed., Record, 2005 (Mineiramente Drummond).

*Os amáveis assaltantes.* Rio de Janeiro: Agora Comunicação Integrada, 1998 (O Dia Livros).

OBRAS TRADUZIDAS

**Alemão**

*Poesie.* Tradução Curt Meyer-Clason. Frankfurt: Suhrkamp Verlag, 1965.

*Gedichte.* Tradução Curt Meyer-Clason. Frankfurt: Suhrkamp Verlag, 1982.

**Búlgaro**

*Iybctbo ba Cbeta.* Tradução Alexandre Muratov e Atanas Daltchev. Sófia: Narodna Cultura, 1977.

**Chinês**

*Antologia da poesia brasileira.* Seleção Antônio Carlos Secchin. Tradução Zhao Deming. Pequim: Embaixada do Brasil, 1994.

**Dinamarquês**

*Verdensfornemmelse og Andre Digte.* Tradução Peter Poulsen. Copenhague: Borgens Forlag, 2000.

**Espanhol**

*Poemas.* Seleção, versão e introdução Rafael Santos Torroella. Madri: Rialp, 1951 (Adonais).

*Dos poemas.* Tradução Manuel Graña Etcheverry. Buenos Aires: Botella al Mar, 1953.

*Poetas del siglo veinte.* Carlos Drummond de Andrade. Seleção e versão Ramiro de Casasbellas. Buenos Aires: Poesia, 1957.

*Poesía de Carlos Drummond de Andrade.* Tradução Armando Uribe Arce, Thiago de Mello e Fernando de Alencar. Santiago do Chile: Cadernos Brasileiros, 1963 (Poesia).

*Seis poetas contemporáneos del Brasil.* Tradução Manuel Graña Etcheverry. La Paz: Embajada del Brasil, 1966 (Cuadernos Brasileños).

*Mundo, vasto mundo.* Tradução Manuel Graña Etcheverry. Buenos Aires: Losada, 1967 (Poetas de Ayer y de Hoy).

*Poemas.* Introdução, seleção e notas Muñoz-Unsain. Havana: Casa de las Américas, 1970.

*La bolsa y la vida.* Tradução Maria Rosa Oliver. Buenos Aires: La Flor, 1973.

*Poemas.* Tradução Leonidas Cevallos. Lima: Centro de Estudios Brasileños, 1976.

*Drummond de Andrade*: poemas. Tradução Gabriel Rodriguez. Caracas: Dirección General de Cultura de la Gobernación del Distrito Federal, 1976.

*Amar-amargo y otros poemas.* Tradução Estela dos Santos. Buenos Aires: Calicanto, 1978.

*El poder ultrajoven.* Tradução Estela dos Santos. Buenos Aires: Sudamericana, 1978.

*Dos cuentos y dos poemas binacionales.* Em colaboração com Sergio Faraco e Jorge Medoza Enriguez. Santiago do Chile: Instituto Chileno-Brasileño de Cultura de Concepción, 1981.

*Poemas.* Tradução, seleção e introdução Francisco Cervantes. Tlahuapan: Premià, 1982 (Libros del Bicho).

*Don Quijote.* Tradução Edmund Font. Ilustrações Candido Portinari. México: Secretaría de Educación Pública, 1985.

*Antología poética.* Tradução e introdução Claudio Murilo. Madri: Instituto de Cooperación Iberoamericana; Ediciones Cultura Hispánica, 1986.

*Poemas.* Tradução Renato Sandoval. Lima: Embajada del Brasil, 1989 (Tierra Brasileña).

*Itabira (Antología).* Tradução Pablo del Barco. Madri: Visor, 1990.

*Historia de dos poemas.* Tradução Gloria Elena Bernal. México: SEP, 1992.

*Carlos Drummond de Andrade.* México: Fondo Nacional para Actividades Sociales, s.d. (Poesía Moderna).

**Francês**

*Réunion.* Tradução Jean-Michel Massa. Paris: Aubier-Montaigne, 1973 (Collection Bilingue des Classiques Étrangers).

*Fleur, téléphone et jeune fille.* Organização Mário Carelli. Paris: L'Alphée, 1980.

*Drummond*: une esquisse. Rio de Janeiro: Alumbramento, 1981.

*Conversation extraordinaire avec une dame de ma connaissance et autres nouvelles.* Tradução Mário Carelli e outros. Paris: A. M. Métailié, 1985 (Bibliothèque Brésilienne).

*Mon éléphant – O elefante.* Tradução Vivette Desbans. Ilustrações Hélène Vincent. Paris: Éditions ILM, 1987. Edição bilíngüe.

*Poésie.* Tradução Didier Lamaison. Paris: Gallimard, 1990.

**Holandês**

*Gedichten.* Tradução August Willemsen. Amsterdam: Uitgeverij de Arbeiderspers, 1980.

*20 Gedichten van Carlos Drummond de Andrade.* Tradução August Willemsen. Fotos Sérgio Zális. Amsterdam: Rijksakademie van Beeldende Kunsten, 1983.

*De Liefde, Natuurlijk*: Gedichten. Tradução August Willemsen. Amsterdam: Uitgeverij de Arbeiderspers, 1992.

*Farewell.* Tradução August Willemsen. Amsterdam: Uitgeverij de Arbeiderspers, 1996.

**Inglês**

*In the Middle of the Road.* Tradução John Nist. Tucson: University of Arizona Press, 1965.

*Souvenir of the Ancient World.* Tradução Mark Strand. Nova York: Antaeus, 1976.

*Poems.* Tradução Virgínia de Araújo. Palo Alto: WPA, 1977.

*The Minus Sign.* Tradução Virgínia de Araújo. Redding Ridge: Black Swan Books, 1980.

*The Minus Sign.* Tradução Virgínia de Araújo. Manchester: Carcanet New Press, 1981.

*Travelling in the Family.* Selected poems. Tradução Elizabeth Bishop e Gregory Rabassa. Nova York: Random House, 1986.

**Italiano**

*Sentimento del mondo.* Tradução Antonio Tabucchi. Torino: Giulio Einaudi, 1987.

*Un chiaro enigma.* Tradução Fernanda Toriello. Bari: Stampa Puglia, 1990.

*La visita.* Tradução Luciana Stegagno Picchio. Milão: Libri Scheiwiller, 1996.

*Racconti plausibili.* Tradução Alessandra Ravatti. Roma: Fahrenheit, 1996.

*L'Amore naturale.* Tradução Fernanda Toriello. Bari: Adriatica, 1997.

**Latim**

*Carmina drummondiana.* Tradução Silva Bélkior. Rio de Janeiro: Salamandra; Brasília: Universidade Federal de Brasília, 1982. Edição comemorativa dos 80 anos do poeta. Edição bilíngüe.

**Norueguês**

*Tankar om Ordet Menneske.* Tradução Alf Saltveit. Oslo: Solum, 1992.

**Sueco**

*Natten och Rosen.* Tradução Arne Lundgren. Estocolmo: P. A. Norstedt & Söners, 1966.

*En Rost at Folket.* Tradução Arne Lundgren. Estocolmo: P. A. Norstedt & Söners, 1980.

*Frän Oxens Tid.* Tradução Arne Lundgren. Estocolmo: Bra Lyrik, 1985.

*Tvarsnitt.* Tradução Arne Lundgren. Estocolmo: Nordan, 1987.

*Ljuset Spranger Natten.* Tradução Arne Lundgren. Lysekil: F. Forlag, 1990.

**Tcheco**

*Fyzika Strachu.* Tradução Vladimir Mikes. Praga: Odeon, 1967.

ENTREVISTAS PUBLICADAS EM LIVRO

SENNA, Homero. *República das letras.* 20 entrevistas com escritores. 2. ed. rev. e aum. Rio de Janeiro: Olímpica, 1968.

ROZÁRIO, Denira. *Palavra de poeta.* Prefácio Antônio Houaiss. Coletânea de entrevistas e antologia poética. Rio de Janeiro: J. Olympio, 1989.

CAMINHA, Edmilson. *Palavra de escritor.* Entrevista com Carlos Drummond de Andrade e outros. Brasília: Thesaurus, 1995.

SARAIVA, Arnaldo. *Conversas com escritores brasileiros.* Porto: Comissão Nacional para as Comemorações dos Descobrimentos Portugueses, 2000.

TRADUÇÕES DE CARLOS DRUMMOND DE ANDRADE

MAURIAC, François. *Uma gota de veneno* [*Thérèse Desqueyroux*]. Rio de Janeiro: Pongetti, 1943.

LACLOS, Choderlos de. *As relações perigosas* [*Les Liaisons dangereuses*]. Porto Alegre: Globo, 1947.

BALZAC, Honoré de. *Os camponeses* [*Les Paysans*]. In: ——. *A comédia humana*, v. XIII. Porto Alegre: Globo, 1954.

PROUST, Marcel. *A fugitiva* [*Albertine disparue*]. Porto Alegre: Globo, 1956.

GARCÍA LORCA, Federico. *Dona Rosita, a solteira ou a linguagem das flores* [*Doña Rosita la soltera o el lenguaje de las flores*]. Rio de Janeiro: Agir, 1959.

DESCOURTILZ, Th. *Beija-flores do Brasil* [*Oiseaux-mouches ornithorynques du Brésil*]. Rio de Janeiro: Biblioteca Nacional, 1960.

MAETERLINCK, Maurice. *O pássaro azul* [*L'Oiseau bleu*]. Rio de Janeiro: Delta, 1962.

MOLIÈRE. *Artimanhas de Scapino* [*Les Fourberies de Scapin*]. Rio de Janeiro: Serviço de Documentação do MEC, 1962.

HAMSUN, Knut. *Fome* [*Sult*]. Rio de Janeiro: Delta, 1963.

LIVROS EM BRAILE

*Boca de luar.* São Paulo: Fundação para o Livro do Cego no Brasil, 1985.

*Corpo.* São Paulo: Fundação para o Livro do Cego no Brasil, 1990.

*Sentimento do mundo.* São Paulo: Fundação Dorina Nowill para Cegos, 2000.

## OBRAS SOBRE O AUTOR

LIVROS

ACHCAR, Francisco. *A rosa do povo & Claro enigma*. Roteiro de leitura. São Paulo: Ática, 1993.

——. *Carlos Drummond de Andrade.* São Paulo: Publifolha, 2000.

ANDRADE, Carlos Drummond de. *Uma pedra no meio do caminho.* Biografia de um poema. Seleção e montagem Carlos Drummond de Andrade. Apresentação Arnaldo Saraiva. Rio de Janeiro: Editora do Autor, 1967.

BARBOSA, Rita de Cássia. *Poemas eróticos de Carlos Drummond de Andrade.* São Paulo: Ática, 1987 (Princípios).

BATISTA, Paulo Nunes. *ABC de Carlos Drummond de Andrade e outros abecês.* Rio de Janeiro: Fundação Casa de Rui Barbosa; Belo Horizonte: Itatiaia, 1986.

BRASIL, Assis. *Carlos Drummond de Andrade.* Rio de Janeiro: Livros do Mundo Inteiro, 1971.

BRAYNER, Sônia. *Carlos Drummond de Andrade.* Seleção Sônia Brayner. Rio de Janeiro: Civilização Brasileira, 1977.

CAMPOS, Maria Consuelo Cunha. *Mineiridade.* Rio de Janeiro: Achiamé, 1980.

CANÇADO, José Maria. *Os sapatos de Orfeu*: biografia de Carlos Drummond de Andrade. São Paulo: Scritta, 1993.

CHAVES, Rita. *Carlos Drummond de Andrade.* São Paulo: Scipione, 1993 (Margens do Texto).

COELHO, Joaquim-Francisco. *Terra e família na poesia de Carlos Drummond de Andrade.* Belém: Universidade Federal do Pará, 1973.

——. *Minerações.* Belém: Universidade Federal do Pará, 1975.

CUNHA, Maria Antonieta Antunes. *O discurso indireto livre em Carlos Drummond de Andrade.* Belo Horizonte: Imprensa Oficial, 1971.

CURY, Maria Zilda. *Horizontes modernistas*: o jovem Drummond e seu grupo em papel-jornal. Belo Horizonte: Autêntica, 1998.

DALL'ALBA, Eduardo. *Drummond, leitor de Dante.* Caxias do Sul, RS: Educs, 1996.

——. *Drummond*: a construção do enigma. Caxias do Sul, RS: Educs, 1998.

GALDINO, Márcio da Rocha. *O cinéfilo anarquista*: Carlos Drummond de Andrade e o cinema. Belo Horizonte: BDMG, 1991.

GARCIA, Nice Seródio. *A criação lexical em Carlos Drummond de Andrade.* Rio de Janeiro: Rio, 1977.

GARCIA, Othon Moacyr. *Esfinge clara*: palavra-puxa-palavra em Carlos Drummond de Andrade. Rio de Janeiro: São José, 1955.

GLABER, Cinthya; FURTADO FILHO, José Carlos (orgs.). *Drummond*: Alguma poesia. Rio de Janeiro: Centro Cultural Banco do Brasil, 1990. Catálogo da exposição comemorativa dos 60 anos de *Alguma poesia.*

GLEDSON, John. *Poesia e poética de Carlos Drummond de Andrade.* São Paulo: Duas Cidades, 1982.

GOMES, Deny (org.). *No meio do caminho tinha uma pedra.* Vitória: Oficina Literária da Universidade Federal do Espírito Santo, 1987.

GONZALEZ CRUZ, Domingo. *A presença de Itabira na obra de Carlos Drummond de Andrade.* Rio de Janeiro: Achiamé, 1981. 2. ed. aum. *No meio do caminho tinha Itabira*: ensaio poético sobre as raízes itabiranas na obra de Drummond. Ilustrações Guidacci. Fotos Francisco Arraes. Rio de Janeiro: BVZ, 2000.

GUIMARÃES, Júlio Castañon. *Sobre um projeto de edição crítico-genética da poesia de Carlos Drummond de Andrade.* Rio de Janeiro: Fundação Casa de Rui Barbosa, 1997 (Papéis Avulsos).

HOMENAGEM A DRUMMOND. Rio de Janeiro: Fundação Casa de Rui Barbosa, 1982. Catálogo da exposição comemorativa dos 80 anos do poeta.

LAUS, Lausimar. *O mistério do homem na obra de Drummond.* Rio de Janeiro: Tempo Brasileiro, 1978.

LESSA, Maria Eduarda Viana (org.). *Carlos Drummond de Andrade.* Rio de Janeiro: Fundação Casa de Rui Barbosa, 1998.

LIMA, Mirella Vieira. *Confidência mineira*: o amor na poesia de Carlos Drummond de Andrade. São Paulo: Edusp; Campinas: Pontes, 1995.

MARIA, Luzia de. *Drummond*: um olhar amoroso. Rio de Janeiro: Léo Christiano, 1998.

MARTINS, Hélcio. *A rima na poesia de Carlos Drummond de Andrade.* Introdução Antônio Houaiss. Rio de Janeiro: J. Olympio, 1968.

MERQUIOR, José Guilherme. *Verso universo em Drummond.* Tradução Marly de Oliveira, do original em francês. Rio de Janeiro: J. Olympio, 1975.

MONTEIRO, Salvador; KAZ, Leonel (orgs.). *Drummond frente e verso.* Rio de Janeiro: Alumbramento, 1989.

MORAES, Emanuel de. *Drummond rima Itabira mundo.* Rio de Janeiro: J. Olympio, 1972 (Documentos Brasileiros).

MORAES, Lygia Marina. *Conheça o escritor brasileiro Carlos Drummond de Andrade.* Seleção de textos com exercícios de compreensão, redação e debate, biografia e avaliação crítica. Rio de Janeiro: Record, 1977.

MORAES NETO, Geneton. *O dossiê Drummond.* São Paulo: Globo, 1994.

MOTTA, Dilman Augusto. *A metalinguagem na poesia de Carlos Drummond de Andrade.* Rio de Janeiro: Presença, 1976.

NAVA, Pedro. *Homenagem ao poeta.* Rio de Janeiro: Sabadoyle, 1982. Ata do Sabadoyle de 30 de outubro de 1982.

NOGUEIRA, Lucila. *Ideologia e forma literária em Carlos Drummond de Andrade.* Recife: Fundarpe, 1990 (Oficina Espaço Pasárgada).

PY, Fernando. *Bibliografia comentada de Carlos Drummond de Andrade (1918-1980).* Rio de Janeiro: J. Olympio; Fundação Casa de Rui Barbosa; Brasília: INL, 1980.

QUEIROZ, Maria José de. *Carlos Drummond de Andrade*: do moderno ao eterno. Bonn: Verlag, 1987 (Deutsch-Brasilianische).

ROSA, Sérgio Ribeiro. *Pedra engastada no tempo.* Porto Alegre: Cultura Contemporânea, 1978.

SANT'ANNA, Affonso Romano de. *Drummond, o* gauche *no tempo.* Rio de Janeiro: Lia, 1972. 3. ed., *Carlos Drummond de Andrade*: análise da obra, Nova Fronteira, 1980. 4. ed., *Drummond, o* gauche *no tempo,* Record, 1992.

SANTIAGO, Silviano. *Carlos Drummond de Andrade.* Petrópolis: Vozes, 1976 (Poetas Modernos do Brasil).

SCHULLER, Donaldo. *A dramaticidade na poesia de Drummond.* Porto Alegre: Universidade Federal do Rio Grande do Sul, 1979.

*SEMINÁRIO Carlos Drummond de Andrade*: 50 anos de *Alguma poesia.* Estudos de Guilhermino César, Antônio Houaiss, Silviano Santiago, Luiz Costa Lima e Affonso Romano de Sant'Anna. Belo Horizonte: Imprensa Oficial de Minas Gerais, 1981.

*SEMINÁRIO Carlos Drummond de Andrade and His Generation.* Santa Barbara: University of California; Bandana Books, 1986.

SIMON, Iumna Maria. *Drummond*: uma poética do risco. São Paulo: Ática, 1978.

STERNBERG, Ricardo da Silveira Lobo. *The Unquiet Self*: Self and society in the poetry of Carlos Drummond de Andrade. Valencia: Albatros Hispanofila, 1986.

TELES, Gilberto Mendonça. *Drummond*: a estilística da repetição. Prefácio Othon Moacyr Garcia. Rio de Janeiro: J. Olympio, 1970 (Documentos Brasileiros). 4. ed., São Paulo: Experimento, 1997.

VIEIRA, Regina Souza. *Boitempo*: autobiografia e memória em Carlos Drummond de Andrade. Rio de Janeiro: Presença, 1992.

## CAPÍTULO DE LIVRO

ANDRADE, Mário de. A poesia em 1930. In: ——. *Aspectos da literatura brasileira.* São Paulo: Martins, *c.* 1960.

ANSELMO, Manuel. *Família literária luso-brasileira.* Rio de Janeiro: J. Olympio, 1943.

BANDEIRA, Manuel. *Crônicas da província do Brasil.* Rio de Janeiro: Civilização Brasileira, 1937.

——. *Apresentação da poesia brasileira.* 3. ed. Rio de Janeiro: Casa do Estudante do Brasil, 1957.

——. *Poesia completa e prosa*. Rio de Janeiro: Aguilar, 1958; 2. ed., Nova Aguilar, 1996.

BARROS, Jayme de. *Espelho dos livros*. Rio de Janeiro: J. Olympio, 1936.

——. *Poetas do Brasil*. Rio de Janeiro: J. Olympio, 1944.

BASTIDE, Roger. Carlos Drummond de Andrade. In: ——. *Poetas do Brasil*. Curitiba: Guaíra, 1946.

BASTOS, C. Tavares. A obra completa de Carlos Drummond de Andrade. In: ——. *O simbolismo no Brasil e outros escritos*. Rio de Janeiro: São José, 1969.

CAMPOS, Haroldo de. Drummond, mestre de coisas. In: ——. *Metalinguagem*. Petrópolis: Vozes, 1967.

CAMPOS, Milton. Texto antropofágico. In: ——. *Testemunhos e ensinamentos*. Rio de Janeiro: J. Olympio, 1972.

CANDIDO, Antonio. Literatura e cultura de 1900 a 1945. In: ——. *Literatura e sociedade*. São Paulo: Nacional, 1967.

——. Inquietudes na poesia de Drummond. In: ——. *Vários escritos*. São Paulo: Duas Cidades, 1970.

——. A autobiografia poética e ficcional na literatura de Minas. *Anais do IV Seminário de Estudos Mineiros*. Belo Horizonte, 1977.

CARPEAUX, Otto Maria. Fragmento sobre Carlos Drummond de Andrade. In: ——. *Origens e fins*. Rio de Janeiro: Casa do Estudante do Brasil, 1943.

——. *Livros na mesa*. Rio de Janeiro: São José, 1960.

——. *História da literatura ocidental*. Rio de Janeiro: O Cruzeiro, 1966. 7 v.

CASTELO, José Aderaldo. Impressões de Carlos Drummond de Andrade. In: ——. *Homens e intenções*. São Paulo: Comissão de Literatura do Departamento Estadual de Cultura, 1959.

CORRÊA, Roberto Alvim. Carlos Drummond de Andrade. In: ——. *O mito de Prometeu*. Rio de Janeiro: Agir, 1951.

CORREIA, Marlene de Castro. Apresentação de Drummond. In: ——. *Literatura para o vestibular unificado*. Rio de Janeiro: Record, 1973.

CUNHA, Fausto. *A leitura aberta*. Rio de Janeiro: Cátedra, 1978.

DUTRA, Waltensir; CUNHA, Fausto. *Biografia crítica das letras mineiras*. Rio de Janeiro: Instituto Nacional do Livro, 1956.

FRANCO, Afonso Arinos de Melo. Notícia sobre Carlos Drummond. In: ——. *Espelho de três faces*. São Paulo: Brasil, 1937.

——. A poesia e um poeta. In: ——. *Mar de sargaços*. São Paulo: Martins, 1944.

FREITAS JÚNIOR, Otávio de. Um poeta com sentimento do mundo. In: ——. *Ensaios de crítica de poesia*. Recife: Norte, 1941.

FRIEIRO, Eduardo. *Letras mineiras.* Belo Horizonte: Os Amigos do Livro, 1937.
GRIECO, Agripino. Dois poetas. In: ——. *Evolução da poesia brasileira.* Rio de Janeiro: Ariel, 1932.
HAMBURGUER, Michael. *The Truth .of Poetry*: Tensions in modern poetry from Baudelaire to the 1969. Londres: Weidenfeld and Nicolson, 1969.
HAMPL, Zdenek. Pznámbka Autorovi. In: ANDRADE, Carlos Drummond de. *Fyzika Strachu*. Praga: Odeon, 1967.
HOLANDA, Aurélio Buarque de. Drummond e a melodia. In: ——. *Território lírico.* Rio de Janeiro: O Cruzeiro, 1958.
HOUAISS, Antônio. Sobre uma fase de Carlos Drummond de Andrade. In: ——. *Seis poetas e um problema.* Rio de Janeiro: Ediouro, 1967.
——. Introdução. In: ANDRADE, Carlos Drummond de. *Reunião*: 10 livros de poesia. Rio de Janeiro: J. Olympio, 1969.
JANNINI, Pasquale Aniel. *Storia della letteratura brasiliana.* Milão: Nuova Accademia Editrice, 1959.
KONDER, Leandro. A vitória do Realismo num poema de Drummond: "A mesa". In: ——. *Realismo e anti-realismo na literatura brasileira.* Rio de Janeiro: Paz e Terra, 1974.
LEITE, Sebastião Uchoa. *Participação da palavra poética.* Petrópolis: Vozes, 1966.
LIMA, Alceu Amoroso (Tristão de Athayde). *Meio século de presença literária.* Rio de Janeiro: J. Olympio, 1969.
LIMA, Luiz Costa. *Lira e antilira*: Mário, Drummond, Cabral. Rio de Janeiro: Civilização Brasileira, 1968.
LINHARES, Temístocles. *Diálogos sobre a poesia brasileira.* São Paulo: Melhoramentos, 1976.
LINS, Álvaro. *Os mortos de sobrecasaca.* Rio de Janeiro: Civilização Brasileira, 1963.
LISBOA, Henriqueta. *Convívio poético.* Belo Horizonte: Secretaria da Educação, 1955.
LITRENTO, Oliveiros. *O crítico e o mandarim.* Rio de Janeiro: São José, 1962.
LUCAS, Fábio. *Temas literários e juízos críticos.* Belo Horizonte: Tendência, 1963.
——. *Horizontes da crítica.* Belo Horizonte: Movimento Perspectiva, 1965.
LUNDGREN, Arne. Prefácio. In: ANDRADE, Carlos Drummond de. *Natten och Rosen.* Estocolmo: P. A. Norstedt & Soners, 1966.
MARTINS, Wilson. 50 anos de literatura brasileira. In: ——. *Panorama das literaturas das Américas,* I. Angola: Município de Nova Lisboa, 1958.
MASSA, Jean-Michel. Introduction. In: ANDRADE, Carlos Drummond de. *Réunion.* Paris: Aubier-Montaigne, 1973.

MENDES, Oscar. *Alguma poesia.* In: ——. *A alma dos livros.* Belo Horizonte: Os Amigos do Livro, 1932.
MENDONÇA, Antônio Sérgio L. *Por uma teoria do simbólico.* Petrópolis: Vozes, 1974.
MENEGALE, Heli. Um soneto de Carlos Drummond de Andrade. In: ——. *Roteiros de poesia.* Belo Horizonte: Itatiaia, 1960.
MERQUIOR, José Guilherme. A máquina do mundo de Drummond. In: ——. *Razão do poema.* Rio de Janeiro: Civilização Brasileira, 1965.
——. Notas em função de *Boitempo (I).* In: ——. *A astúcia da mimese.* Rio de Janeiro: J. Olympio, 1972.
——. *As idéias e as formas.* Rio de Janeiro: Nova Fronteira, 1981.
MEYER-CLASON, Curt. Nachwort. In: ANDRADE, Carlos Drummond de. *Poesie.* Frankfurt: Suhrkamp Verlag, 1965.
MILLIET, Sérgio. O poema-piada. In: ——. *Terminus seco e outros cocktails.* São Paulo: Irmãos Ferraz, 1932.
——. *Panorama da moderna poesia brasileira.* Rio de Janeiro: Serviço de Documentação do MEC, 1952.
MOISÉS, Massaud. Carlos Drummond de Andrade poeta. In: ANDRADE, Carlos Drummond de. *Antologia poética.* Lisboa: Portugália, 1965.
MONTEIRO, Adolfo Casais. *A palavra essencial.* São Paulo: Nacional, 1965.
MONTENEGRO, Olívio. Poesias de Carlos Drummond. In: ——. *Retratos e outros ensaios.* Rio de Janeiro: J. Olympio, 1959.
MORAES, Carlos Dante de. *Alguns estudos.* Porto Alegre: Metrópole, 1975.
MOUTINHO, José Geraldo Nogueira. *A fonte e a forma.* Rio de Janeiro: Imago, 1977.
MURICY, Andrade. *A nova literatura brasileira.* Porto Alegre: Globo, 1936.
NIST, John. Introduction. In: ANDRADE, Carlos Drummond. *In the Middle of the Road.* Tucson: University of Arizona Press, 1965.
——. *The Modernist Movement in Brazil.* Austin: University of Texas Press, 1967.
OLIVEIRA, José Osório de. Um poeta brasileiro. In: ——. *Enquanto é possível.* Lisboa: Universo, 1942.
OLIVEIRA, Teresa Cristina Meireles. *Carlos Drummond de Andrade*: no décimo aniversário de sua morte. São Paulo: Massao Hono, 1977. Ata do Saba-doyle.
PEREIRA, Maria Idorlina Cobra. Verbete. In: *Dicionário biográfico universal de autores.* Lisboa: Atis-Bompiani.
PEREZ, Renard. *Escritores brasileiros contemporâneos.* Rio de Janeiro: Civilização Brasileira, 1960.

PERISSE, Gabriel. *Dois ensaios*: O polígrafo Carlos Drummond de Andrade & Nossos clássicos pessoais. São Paulo: Edix, 1994.

PICCHIO, Luciana Stegagno. *La letteratura brasiliana*. Milão: Sansoni-Accademia, 1972.

PIGNATARI, Décio. Áporo: um inseto semiótico. In: ——. *Contracomunicação*. São Paulo: Perspectiva, 1971.

PÓLVORA, Hélio. *Graciliano, Machado, Drummond e outros*. Rio de Janeiro: Francisco Alves, 1975.

PROENÇA, Ivan Cavalcanti. *Vestibular de Português*: literatura. Rio de Janeiro: J. Olympio, 1973.

RAMOS, Maria Luiza. Variações em torno de uma antítese. In: ——. *Fenomenologia da obra literária*. Rio de Janeiro: Forense, 1969.

RAMOS, Péricles Eugênio da Silva. Carlos Drummond de Andrade. In: ——. *A literatura no Brasil*. Direção Afrânio Coutinho. 3. ed. Rio de Janeiro: J. Olympio, 1986. 5 v.

RIBEIRO, João. *Crítica*. Os modernos. Rio de Janeiro: Academia Brasileira de Letras, 1952.

RIBEIRO, Joaquim. *Estética da língua portuguesa*. 2. ed. Rio de Janeiro: J. Ozon, 1964.

RIO-BRANCO, Miguel do. *Etapas da poesia brasileira*. Lisboa: Livros do Brasil, 1955.

ROCHA, Hildon. *Entre lógicos e místicos*. Rio de Janeiro: São José, 1968.

RÓNAI, Paulo. A poesia de Carlos Drummond de Andrade. In: ——. *Encontros com o Brasil*. Rio de Janeiro: Instituto Nacional do Livro, 1958.

——. Tentativa de comentário para alguns temas de Carlos Drummond de Andrade. In: ANDRADE, Carlos Drummond de. *José & outros*. Rio de Janeiro: J. Olympio, 1967.

SALES, Fritz Teixeira de. *Das razões do Modernismo*. Brasília: Brasília, 1974.

SANT'ANNA, Affonso Romano de. Características gerais da poesia de Carlos Drummond de Andrade. In: ——. *Autores para vestibular*. Petrópolis: Vozes, 1973.

SANTOS, Vitto. *Poesia & humanismo*. Rio de Janeiro: Artenova, 1971.

SENNA, Homero. *O Sabadoyle*: história de uma confraria literária. Rio de Janeiro: Casa da Palavra, 2000. Contém vários textos de Drummond.

SILVA, Belchior Cornélio da. *O pio da coruja*. Belo Horizonte: João Vicente, 1967.

SILVEIRA, Alcântara. Povo e poesia. In: ——. *Telefone para surdos*. São Paulo: Comissão de Literatura do Conselho Estadual de Cultura, 1962.

SIMÕES, João Gaspar. *Literatura, literatura, literatura*... Lisboa: Portugália, 1964.

SIMON, Iumna Maria. Na praça de convites. In: SCHWARZ, Roberto (org.). *Os pobres na literatura brasileira*. São Paulo: Brasiliense, 1983.

SÜSSEKIND, Flora. *Cabral, Bandeira, Drummond*: alguma correspondência. Rio de Janeiro: Fundação Casa de Rui Barbosa, 1996 (Papéis Avulsos).

SZKLO, Gilda Salem. *As flores do mal nos jardins de Itabira*. Rio de Janeiro: Agir, 1995.

TELES, Gilberto Mendonça. *La poesía brasileña en la actualidad*. Tradução Cipriano S. Vitureira. Montevidéu: Editorial Letras, 1969.

——. Drummond: retrato. In: ANDRADE, Carlos Drummond de. *Seleta em prosa e verso*. Rio de Janeiro: J. Olympio, 1971. 13. ed., Record, 1994.

——. A linguagem criadora de Drummond. In: ANDRADE, Carlos Drummond de. *Seleta em prosa e verso*. Rio de Janeiro: J. Olympio, 1971. 13. ed., Record, 1994.

——. Carlos Drummond de Andrade. In: ——. *Estudos da poesia brasileira*. Coimbra: Almedina, 1985.

——. O discurso poético de Drummond. In: ——. *A escrituração da escrita*. Rio de Janeiro: Vozes, 1995.

——. Cammond & Drummões. In: ——. *Camões e a poesia brasileira*. 4. ed. Lisboa: Imprensa Nacional; Casa da Moeda, 2001.

TORROELLA, Rafael Santos. Prólogo. In: ANDRADE, Carlos Drummond de. *Poemas*. Madri: Rialp, 1951.

VASCONCELLOS, Eliane. *Um sonho drummondiano*: o Arquivo-Museu de Literatura Brasileira. Rio de Janeiro: Fundação Casa de Rui Barbosa, 1996.

——. O Arquivo Carlos Drummond de Andrade. In: LESSA, Maria Eduarda Viana (org.). *Carlos Drummond de Andrade*. Rio de Janeiro: Casa de Rui Barbosa, 1998.

VILLAÇA, Antonio Carlos. Drummond e a condição humana. In: ——. *Literatura e vida*. Rio de Janeiro: Nova Fronteira, 1976.

VITUREIRA, Cipriano S. *Manuel Bandeira, Cecília Meireles, Carlos Drummond de Andrade*: tres edades en la poesía brasileña actual. Montevidéu: Asociación Cultural Estudiantil Brasil-Uruguay, 1952.

WERNECK, Humberto. *O desatino da rapaziada*: jornalistas e escritores em Minas Gerais. São Paulo: Instituto Moreira Sales, 1992.

## TESES

AGRA, Marcos Wagner da Costa. *As faces secretas do hiperônimo Flor!* João Pessoa: Universidade Federal da Paraíba, 1981. Dissertação de mestrado.

AGUILERA, Maria Veronica Silva Vilariño. *Carlos Drummond de Andrade*: a poética cotidiana. Rio de Janeiro: Universidade do Estado do Rio de Janeiro, 2000. Dissertação de mestrado.

BARBOSA, Rita de Cássia. *O cotidiano e as máscaras*: a crônica de Carlos Drummond de Andrade (1930-1934). São Paulo: Universidade Federal de São Paulo, 1984. Tese de doutorado.

CAMPOS, Fernando Ferreira. *Carlos Drummond de Andrade, Manuel Bandeira*: matéria poética e escrita. Rio de Janeiro: Universidade Federal do Rio de Janeiro, 1978. Dissertação de mestrado.

CAMPOS, Maria do Carmo Alves de. *Cidade e o paradoxo lírico na poesia de Drummond*. São Paulo: Universidade de São Paulo, 1989. Tese de doutorado.

CAMPOS, Maria José Rego. *A memória do mundo em Carlos Drummond de Andrade*. Belo Horizonte: Universidade Federal de Minas Gerais, 1982. Dissertação de mestrado.

CHAGAS, Wilson. *Mundo e contramundo*. Porto Alegre: Universidade Federal do Rio Grande do Sul, 1972.

CORREIA, Marlene de Castro. *Drummond*: a magia lúcida. Rio de Janeiro: Universidade Federal do Rio de Janeiro, 1975. Tese de livre docência.

COSTA, Luis Carlos. *A crônica e a linguagem em Carlos Drummond de Andrade*. São Paulo: Universidade de São Paulo, 1988. Tese de doutorado.

FERRAZ, Eucanaã. *Drummond*: um poeta na cidade. Rio de Janeiro: Universidade Federal do Rio de Janeiro, 1994. Dissertação de mestrado.

FERREIRA, Maria Lúcia do Pazo. *O erotismo nos poemas inéditos de Carlos Drummond de Andrade*. Rio de Janeiro: Universidade Federal do Rio de Janeiro, 1992. Tese de doutorado.

FONSECA, José Eduardo da. *O telurismo na literatura brasileira e na obra de Carlos Drummond de Andrade*. Belo Horizonte: Universidade Federal de Minas Gerais, 1970.

GARCIA, Nice Seródio. *A criação lexical em Carlos Drummond de Andrade*. Rio de Janeiro: Pontifícia Universidade Católica do Rio de Janeiro, 1976. Dissertação de mestrado.

GARDINO, Íris. *Adjetivo nas crônicas de Drummond*: um exercício de estilo. São Paulo: Universidade Federal de São Paulo, 1986. Dissertação de mestrado.

LACERDA, Nilma Gonçalves. *Crônica*: nos não-limites, o livre percurso. Rio de Janeiro: Universidade Federal do Rio de Janeiro, 1979. Dissertação de mestrado.

LIMA, Mirella Márcia Longo Vieira. *Confidência mineira*: o amor na poesia de Carlos Drummond de Andrade. São Paulo: Universidade de São Paulo, 1993. Tese de doutorado.

MARTINS, Sylvia de Almeida. *A linguagem de Drummond na crônica*: um estudo lingüístico-estilístico. São Paulo: Universidade Estadual Paulista Júlio de Mesquita Filho, 1984. Tese de doutorado.

MASSAD, Besma. *Processos de lexicalização na prosa de Carlos Drummond de Andrade*. São Paulo: Universidade de São Paulo, 1985. Tese de doutorado.

OLIVEIRA, Silvana Maria Pessoa de. *Réquiem para um sujeito*: a escrita da memória em *Boitempo*, de Carlos Drummond de Andrade. Minas Gerais: Universidade Federal de Minas Gerais, 1991. Dissertação de mestrado.

OLIVEIRA, Teresa Cristina Meireles de. *Foto vivida/Eterna grafia*: espaço e memória poética em Carlos Drummond de Andrade. Rio de Janeiro: Universidade Federal do Rio de Janeiro, 1979. Dissertação de mestrado.

ORTIZ, José Cláudio. *Três poemas em busca da poesia*: leitura das tensões entre a poesia e a cultura de massas a partir de *A rosa do povo*, de Carlos Drummond de Andrade. São Paulo: Universidade Estadual Paulista Júlio de Mesquita Filho, 1994. Dissertação de mestrado.

PEREIRA, Ana Santana Souza de Fontes. *De anjo* gauche *a anjo na contramão*. Belo Horizonte: Universidade Federal de Minas Gerais, 1998.

PEREIRA, Wellington José de Oliveira. *Crônica*: arte do útil ou do fútil? João Pessoa: Universidade Federal da Paraíba, 1990. Dissertação de mestrado.

PUSCHEL, Raul de Souza. *Intransitividade e transitividade*: Mallarmé, Drummond, Cabral. São Paulo: Pontifícia Universidade Católica de São Paulo, 1994. Dissertação de mestrado.

SANTOS, Rita de Cássia Pereira. *Drummond*: diálogo entre texto e contexto. Santa Catarina: Universidade Federal de Santa Catarina, 1983. Dissertação de mestrado.

SARAIVA, Arnaldo. *Carlos Drummond de Andrade*: do berço ao livro. Lisboa: Universidade de Lisboa, 1968. 2 v.

SZKLO, Gilda Salem. *A ironia na poesia de Carlos Drummond de Andrade*. Rio de Janeiro: Pontifícia Universidade Católica do Rio de Janeiro, 1977. Dissertação de mestrado.

VIEIRA, Regina Souza. *Os limites da prosa e da poesia*: Carlos Drummond de Andrade. Rio de Janeiro: Pontifícia Universidade Católica do Rio de Janeiro, 1996. Tese de doutorado.

VILAÇA, Alcides Celso de Oliveira. *Consciência lírica em Drummond*. São Paulo: Universidade Federal de São Paulo, 1976. Dissertação de mestrado.

## SITE SOBRE O AUTOR

http://www.carlosdrummond.com.br

## ÍNDICE DE TÍTULOS E PRIMEIROS VERSOS

Este livro foi composto na tipologia Bembo, no corpo 12/15,
e impresso em papel off-white 80g/m²
no Sistema Cameron da Divisão Gráfica da Distribuidora Record.